海右观澜

主编／谭延伟

编辑／周鸿雁　支景阳
惠铭生　宋忠泽
袁桂兰　毕敬亮

济南出版社

图书在版编目（CIP）数据

海右观澜 / 谭延伟主编．—济南：济南出版社，2016.4（2024.2 重印）
ISBN 978-7-5488-2146-5

Ⅰ．①海… Ⅱ．①谭… Ⅲ．①时事评论－济南市－文集 Ⅳ．①D675.21-53

中国版本图书馆 CIP 数据核字（2016）第 102739 号

海右观澜　谭延伟 / 主编

责任编辑　戴梅海　朱向泓　朱　琦
　　　　　范玉峰　林小溪　杨　蕾
装帧设计　戴梅海

出版发行　济南出版社
地　　址　济南市二环南路 1 号 250002
网　　址　www. jnpub. com
电　　话　0531- 86131726
传　　真　0531- 86131709
经　　销　各地新华书店

印　　刷　山东百润本色印刷有限公司
开　　本　635×960 毫米　1/16
印　　张　13
字　　数　260 千
版　　次　2016 年 4 月第 1 版
印　　次　2024 年 2 月第 2 次印刷
定　　价　69.00 元

发行电话　0531- 86131730 / 86131731 / 86116641
传　　真　0531- 86922073

序　言

评论是新闻媒体的旗帜和灵魂。在当地媒体众多评论类栏目中，《海右观澜》无疑是令人瞩目的优秀评论栏目之一。去年以来，该栏目紧紧围绕新一届济南市委领导班子执政理念，以坚定的政治方向性、鲜明的舆论引导性、深刻的思想洞察力和生动的语言感染力，抓住干部群众普遍关注的现实问题，阐述党的路线、方针、政策，解读市委、市政府的决策部署，针砭时弊，切中要害，发出了为时代立言、为党政分忧、为发展鼓劲、为群众放歌的“泉城好声音”，成为我市新闻舆论工作的一个特色品牌。

《海右观澜》是党的群众路线教育实践活动的务实成果。人民是历史的创造者，群众是真正的英雄。市委宣传部在开展党的群众路线教育实践活动中，通过听真言、察实情、问良策，决定组织“季评”文章，在《济南日报》开设“海右观澜”专栏予以刊发，以更好地服务于市委市政府中心工作、回应干部群众关心的问题。栏目自开办以来，以服务大局为己任、以推动发展为初衷、以群众立场为基点，得到了社会各界普遍好评。“问渠那得清如许？为有源头活水来。”《海右观澜》栏目从党的群众路线教育实践活动中孕育而生，站在时代前沿、把握理论视角、立足实践需要，说出了党委政府和干部群众共同的心声。

《海右观澜》是理论工作围绕中心、服务大局的创新实践。创新是理论工作的活力源泉。《海右观澜》栏目始终坚持胸怀大局、把握大势、着眼大事，以“季评”的创新方式紧跟发展形势，聚焦干部群众关心、关注的热点难点话题，积极发挥理论工作的思想引领和价值导向作用，刊发了《让创新催生城市发展新动力》《好作风也是生产力》《以人民幸福的名义起航》等众多既有理论高度、又有思想深度、也有视野广度的好文章。古语说：“日新之谓盛德。”

《海右观澜》栏目是具有济南特色的理论创新实践，走出了一条“理论＋舆论＋评论”的工作新模式，在围绕中心工作中弘扬了主旋律，在服务大局上奏响了正气歌。

《海右观澜》是“打造四个中心，建设现代泉城”的诤语箴言。2015年对济南来说意义非凡。从“做好‘四种人’”的表态让全市上下翘首以待，到“四看一听”选任机制的提出让干部群众拍手称快，再到“打造四个中心，建设现代泉城”的目标定位勾勒出“济南梦”的美好未来……每个重要节点，《海右观澜》栏目都站在舆论前沿，与市委市政府同呼吸，与700万泉城人民共命运，在铮铮有声中鼓舞士气，在循循善诱中廓清迷雾，在娓娓道来中提升境界，在谆谆引导中凝聚共识。《海右观澜》栏目同建设现代泉城的豪迈步伐相得益彰，登的是“小文章”，讲的是“大道理”，体现的是责任，彰显的是担当。

“海右此亭古，济南名士多”。在《海右观澜》栏目开办两周年之际，将市委主要领导同志的重要论述（有些是在媒体发表的文章，有些则是在各级各类会议上的讲话节选），以及《海右观澜》刊发的季评文章、当地媒体优秀评论文章，一并结集出版，为“打造四个中心，建设现代泉城”鼓劲加油、凝神聚力，为开展“两学一做”学习教育活动传经送宝、提供资鉴，非常及时，很有意义。下一步，将围绕栏目建设，牢记习近平总书记“48个字”的要求，不断增强政治意识、大局意识、核心意识和看齐意识，争当体现党的意志、反映党的主张的“护旗手”；坚持以服务现代泉城建设为中心，进一步创新理念、拓展内容、丰富形式、健全机制，争当统一思想认识、凝聚发展共识的“引力场”；树立“走出去”的理念和思维，继续选取有质量、有分量、有热量的好文章向全省、全国推介，争当讲好济南故事、传播济南声音的“扩音器”。

一个民族不能没有灵魂，一座城市不能没有精神。“打造四个中心、建设现代泉城”，既需要《海右观澜》这样的栏目为济南而评、替人民而论，更需要每一名党员干部仰望星空、脚踏大地，积极作为、敢于担当，以时不我待的紧迫感和只争朝夕的精气神，齐心协力建设新泉城，矢志不渝共筑“济南梦”。

编　者

2016年4月

目　录

一 / 要论

为敢于担当者而担当

王文涛

干事创业，需要大批冲锋陷阵、敢于亮剑、勇于改革、无私忘我的担当者。旗帜鲜明地支持、保护担当者，营造敢于担当的从政环境，是各级党委政府的责任担当。

担当决定落实，落实关乎成败。蓝图绘就以后，担当就是落实任务、破解难题、夺取胜利的关键。面对复杂严峻的形势任务，营造干事创业的政治生态，保持共产党人的政治品格，都要求我们进一步弘扬敢于担当的作风，大力倡导“为敢于担当者而担当”的精神。

敢于担当，就是要在矛盾、困难和挑战面前不犹豫、不动摇、不退缩，真正做到面对矛盾敢于迎难而上，面对危机敢于挺身而出，面对失误敢于承担责任，面对歪风邪气敢于坚决斗争。各级党委政府和领导干部就应该为这样的敢于担当者而担当。

为冲锋陷阵者担当。改革发展的过程，就是涉险滩、破坚冰、攻堡垒、拔城池的历程。冲锋陷阵者，往往在急难险重任务中冲在最前面，有首战用我、用我必胜的豪气，有敢打敢拼、舍我其谁的锐气。他们豁得出来、顶得上去，但难免会碰到错综复杂的矛盾，遇到意想不到的困难。这就需要我们为他们遮风挡雨、共担风险，全力做好“后援队”，为他们撑腰打气、加油助威。

为敢于亮剑者担当。关键时刻能喊出“我来干”“我能行”，就是在问题和矛盾面前不回避、不躲闪，就是在是非对错上立场分明、敢与不良风气做斗争。党和人民赋予的权力和职责，是我们每个人手中的宝剑，该亮剑时一定要

“亮出来”，否则剑不出鞘，再锋利也只是摆设。党员领导干部要自觉做敢于亮剑者，同时坚定地为亮剑者担当，使他们在沧海横流中尽显英雄本色。

为勇于改革者担当。勇于改革，就要不惧思想观念的障碍和利益固化的藩篱，坚持变中求新、变中求进、变中突破。要以宽阔的胸襟和坚定的态度鼓励大胆试、放心闯，不求全责备，多点赞喝彩。对守着陈规不放、抱着利益不松的“守旧者”，对躲着问题走、避开改革行的“躲避者”，要毫不客气、严肃批评，不换脑筋就换人。通过支持改革、鼓励改革、保护改革、担当改革，最大限度地释放改革活力和改革红利。

为无私忘我者担当。无私忘我者就是那些默默无闻的实干家、不计个人得失的探路人、不怕流言蜚语的开拓者。无私忘我的人专注工作、埋头苦干，不计个人得失，不会投机钻营，难保不会惹来非议和刁难。这就需要我们为他们保驾护航，让实干家施展身手，让探路人专心谋事，让开拓者奋勇前行。党委政府要把眼光更多地投向苦干实干、无私奉献的干部，积极发现他们，主动关心他们，大胆使用他们。

为敢于担当者而担当，必须在体制机制上予以保障。一要健全完善“容错机制”，为敢于担当者“兜住底”。弘扬敢想、敢干、敢担当的正能量，形成谁都是担当者、谁都不能推责扯皮的良好氛围。二要健全完善“考评机制”，让敢于担当者“吃得香”。坚持赏罚分明、激励干事原则，进一步建立完善科学的考评奖惩机制，对常挑重担、善解难题的同志高看一眼、厚爱一分。三要健全完善“保护机制”，让敢于担当者“无牵挂”。不但要旗帜鲜明地褒奖、鼓励担当者，更要旗帜鲜明地支持、保护担当者，营造担当可贵、担当光荣的从政环境。

（摘自 2015 年 12 月 15 日 《人民日报》 05 版）

看不到危机才是最大危机

王文涛

全市上下必须深刻认识到，打造“四个中心”，是我市在全面建成小康社会进程中走在全省前列的具体化、本地化，是当前和今后一个时期济南发展的首要任务。要进一步强化机遇意识、责任意识、忧患意识，迅速形成全市共识，为打造“四个中心”奠定坚实的思想基础。

打造“四个中心”，是推动跨越发展、实现济南梦想的迫切要求。历史上济南自开商埠，开风气之先，从一个三流的商业城市一跃成为山东内陆第一大商贸中心。新中国成立后济南是全国重要的工业基地，在国家经济发展中占有重要地位。逆水行舟，不进则退，慢进也是退。在各地竞相发展的大潮中，由于种种原因，我们错失了一些发展机遇，和同类城市相比一直徘徊不前。作为经济总量排名全国第 3 的经济大省省会，我们的多数指标仅排在 15 个副省级城市的第 12 或 13 位，在全省 17 地市经济总量中也仅排在第 3 位，曾经辉煌一时的工业已成为目前发展的最大短板，仅排在全省第 14 位，同时外向型经济、县域经济、民营经济也都是明显的发展短板，与经济大省的省会地位极不相称，造成了“大省小省会”的尴尬局面。更重要的是，我们有些干部仍然安于现状、甘于落后、不思进取，自我感觉良好。看不到危机才是最大的危机。如果我们再不知耻后勇、奋起直追，恐怕济南现在的地位也岌岌可危。一个城市应该有自己的梦想、有自己的追求、有自己的自信，有梦想才有希望，有追求才有动力，有自信才有勇气。建设与山东经济文化大省地位相称的省会城市，越来越成为全市人民的热切期盼。我们必须以对历史、对事业、对济南人民极端负责的精神，以打造“四个中心”为总纲领、总抓手，励精图治、奋发有为，推动济南全面赶超、跨越发展，努力提升济南地位、改变济南面貌、增强济南实力，将济南建设成为全市乃至全省人民为之自豪和骄傲的城市，尽早把“济南梦”变成现实。

打造“四个中心”，是济南加快转型升级、实现弯道超车的强力引擎。当前，经济发展进入新常态，经济下行压力仍然很大，但同时也是加快转型升级的有利时机。面对复杂严峻的发展形势，党中央、国务院审时度势，确立了创新、协调、绿色、开放、共享五大发展理念，提出了加大供给侧结构性改革力度等重大举措，出台了中国制造2025、“互联网+”行动计划、大数据发展纲要等一系列政策措施。打造全国重要的区域性经济中心、金融中心、物流中心和科技创新中心，完全契合五大发展理念的要求，完全符合结构性改革的方向，是我们推动产业升级、壮大产业实力的必然选择，是济南重振雄风、再铸辉煌的重大举措。我们必须正确把握、主动适应国家政策导向，努力推动“四个中心”建设尽快实现突破，为提升综合实力、实现弯道超车提供强大动力。

打造“四个中心”，是省委省政府对加快省会发展、发挥核心作用的殷切期望。作为省会城市，济南在全省经济社会发展中具有举足轻重、不可替代的重要地位和核心作用，是代表山东形象的首要窗口。省委“十三五”规划《建议》明确提出，支持济南建设全国重要的区域性经济、金融、物流和科技创新中心，标志着“四个中心”建设已经上升为省级战略。这既是省委、省政府赋予我们的重大历史使命，也是我们责无旁贷的重大历史责任，更为我们带来了千载难逢的重大历史机遇。既往的经验反复警示我们，机不可失，时不再来，我们必须认清形势，抢抓机遇，顺势而为，乘势而上，强力推进“四个中心”建设，奋力开启济南建设发展的崭新局面，用实际行动和优异成绩向省委、省政府和全市、全省人民交上一份合格满意的答卷。

（摘自2016年1月13日《人民日报》11版）

营造解放思想、敢于担当的政治生态

王文涛

坚持以问题为导向，不断加强作风建设，是我们党的优良传统。近年来，我市高度重视干部队伍建设和作风建设，特别是教育实践活动开展以来，全市广大党员干部积极查摆问题，发现了一批群众反映强烈、影响干事创业的突出问题。针对这些问题，要找准切入点，抓住问题的主要方面和主要矛盾，认真加以整改。发展是第一要务，各级各部门要紧紧围绕科学发展，狠抓干部队伍建设和作风建设，努力营造解放思想、敢于担当的政治生态，为全市经济社会持续健康发展提供坚强保障。

抓好干部队伍建设和作风建设，要建立完善"三个清单"：建立完善负面清单，在具体领域特别是工程建设、土地出让、政府采购、企业转制等重点领域，以通俗易懂的形式列举出不该做、不能做、不准做的事情，为党员干部的行为标明底线、红线、高压线，运用负面清单防止党员干部乱作为。建立完善权力清单，列举出领导干部该干什么，让权力分工具体、责任明确，防止出现不作为的"软腐败"。建立完善责任清单，坚持"为官一任，造福一方"的理念，营造解放思想、敢于担当的良好氛围，不责备求全，以宽容的态度对待因干事创业出现失败、在大胆创新中走了弯路的现象。

推进改革发展各项工作，关键在人。选好用对一个人，就能树起一面旗帜，形成风清气正的正确用人导向，激励更多的干部干事创业、造福人民。要对照"三严三实"的标准，以"四看一听"的选任机制来使用好干部，变"伯乐相马"为"赛场选马"，真正树立起"实在、实干、实绩"的选人用人导向。“四看一听”，即一看实绩，二看公论，三看关键时刻表现和组织部门了解掌握的一贯表现情况，四看巡视督导和纪检监察部门掌握的情况，并充分听取单位党委和党委主要负责同志及分管领导的意见。要重用实干的人，堵住投机取巧的人，努力营造解放思想、敢于担当的良好氛围。要避免简单以分取人、以票取人，狠刹拉票、找关系、打招呼等不良风气。

要进一步优化干部队伍结构，充分发挥广大干部作用，着力构建“结构合理、梯次接续”的干部队伍。要大力加强干部培养锻炼，积极创造有利条件让有潜力、想干事、进取心强的干部脱颖而出，真正做到选拔好干部、培养好干部、管理好干部，为促进全市经济社会持续健康发展建设一支高素质干部队伍。

（摘自2015年《济南通讯》第4期）

领导干部要在深化改革创新上走在前面

王文涛

改革创新既是发展动力，也是工作活力。

要破除惯性思维。从实际情况看，我们有些干部保守有余、创新不足，工作循规蹈矩、墨守成规。更有甚者，遇到事情不是积极想办法，而是先说不行，说“这个文件上没有规定，这个我不能办”，这是最偷懒的办法。实践证明，办法总比困难多，一件事情要想去干，总能千方百计找出办法；不想去干，也总能找出成千上万条理由。别人能做的事，我们也能做，那是尽职；别人能做的事，我们不能做，那叫无能；别人不能做的事，我们能做，而且还依法依规，那叫创新，那叫本事。我们要拿这个标准来衡量自己，看到其他城市能做而我们不能做、别人能做成而我们做不成的时候，就要认真反思自己的不足。要坚决破除惯性思维和守旧思想，增强改革意识和创新意识，多说“行”，少说“不”，敢为人先、积极探索，创造性地做好各项工作。

要坚持问题导向。改革是由问题倒逼而产生的，又在不断解决问题中深化。中央推进全面深化改革强调顶层设计，是针对全国性的、普遍性的问题。具体到我们市、县区、乡镇这些层级，都是基层，既存在普遍性的问题，也有自身的具体问题，在按照中央顶层设计推进改革的同时，必须坚持以问题为导向，一个一个地解决具体问题。今年6月份召开的“解放思想大讨论”务虚会上，我们提出了17个影响济南现阶段发展或事关民生的重点问题，现在正由市相关领导牵头调研，市委全面深化改革领导小组还要召开会议逐个研究讨论，确保年内形成政策措施。解决这些问题之后，明年还要开会，请大家提出新的问题，继续加以研究解决。这样，每年一步一步往前走，就能取得好的效果。市委改革办一方面要按照中央和省委的部署，研究市里的贯彻落实措施；另一方面要认真研究全市发展中遇到的具体问题，提出解决的对策建议。大家在工作中也会遇到很多的问题，要勇于面对问题、善于解决问题，每解决一个问题就是前进了一步，躲避问题只能永远在原地踏步。

要宽容失败。改革是一个“摸着石头过河”的过程，不可能一帆风顺，需要在探索试错中不断推进。所以，我们要在全市形成一个宽容失败的氛围。省内兄弟城市的同志对我说：“你们的八次全会报告有两句话很振奋人心：一是‘改革就要容许失败、宽容失败，但是绝不容许不改革’；二是‘市委、市政府将为敢改革的人担当，为有担当的人担当’。”改革就要大胆试、大胆闯、大胆干。失败了没关系，可以“打包收回”、重新再来，但不改革就永远没有出路。同时，要强化底线思维，把握好犯错和犯法的界限，两者的主要区别就在于碰不碰“口袋线”，如果越过了口袋线，把不属于自己的东西装进了自己的口袋，那就是犯法。犯错可以宽容，犯法必须严惩。

（摘自 2015 年《济南通讯》第 9 期）

领导干部要在狠抓工作落实上下功夫

王文涛

一分部署，九分落实。不抓落实，再好的蓝图也是镜中花、水中月。当前，“打造四个中心，建设现代泉城”的蓝图已经绘就，关键就是一个字：“干”。

推进要提速。二十多年前，习近平总书记在福州工作期间就提出了“马上就办”的工作要求。“马上就办”就是说了就要做，强调的是速度、是效率，更是坚持、是韧劲。目前，全市各级在抓工作推进方面采取了一系列措施，取得了明显成效，但也有少数部门单位推进不快、效率低下，推一推动一动。要改变这种状况，必须大力弘扬“马上就办”的精神，讲求工作时效，提高办事效率，对决策了的事情就要雷厉风行、紧抓快办，对部署了的工作就要一抓到底、善做善成。

督查要较真。习近平总书记对督查很重视，专门提出了要求。市委正在健全完善“大督查”机制，突出重点，滚动督查。做好督查工作，关键是坚持原则、公平公正，不怕得罪人。前两天，我以普通党员身份参加市委办公厅秘书一处党支部组织生活会，杨峰同志在发言时说，要瞪起眼来、恶狠狠地抓督查，我说还要加上几个字，要瞪起眼来、恶狠狠地、六亲不认地抓督查。在这里也给同志们打个招呼，领导干部特别是主要领导同志是被督查的对象，但大家不要反感督查，督查的目的是帮助大家推进工作，共同把工作做好。我在南昌工作时，搞了一个“啄木鸟在行动”，让媒体和公众来监督各县区和部门的工作。刚开始的时候，一些县区领导同志不是很理解，被查到以后就找媒体，想办法不让报道。但在市委的全力支持下，“啄木鸟在行动”四年来顶住压力，坚持反映真实情况，树立了自己的权威。后来，县区的领导同志也认识到“啄木鸟在行动”是一个很好的抓手，可以起到“借力打力”的效果，有时候就主动要求“啄木鸟”来啄一啄。我们处在领导岗位上，最高境界就是把事情做成，让老百姓满意，这样我们就能享受工作，感到快乐。所以，督查工作要坚持原则，各级党员干部也要自觉接受督查。

奖罚要分明。市委一再强调，要树立“实在实干实绩”的用人导向，严格执行“三个一律”：对“拉票”的干部，一律“秒杀”，中止后续程序；对“跑官要官”的干部，一律“不给”，并严肃教育；对托人“说情打招呼”的干部，一律“优先不使用”，并记录在案。这样做的目的，就是凭实绩用干部。如果在干部选拔中出现所谓“黑马”，让一个大家都意想不到的人“走捷径”上来，就是对其他干部的不公正不公平，就会伤害同志们干事创业的积极性，更会影响我们的政治生态，正确的用人导向的形象就会轰然倒塌。10 月底，市里将要组织开展重点项目建设督查评议活动。和往年不同，这次督查评议是看完后当场打分、当场公布，参加活动的同志一人一票，确保公平公正、不偏不倚，到时候谁说得多干得少，谁干得多说得少，就会清清楚楚。市里还专门制定了《关于 2015 年科学发展综合考核评价工作的意见》和《重点工作专项考核实施办法（试行）》，下决心用好考核结果，严格兑现奖惩，切实发挥考核的“指挥棒”作用。大家要认真学习领会好这两个文件，进一步认清自身责任、明确工作重点，真正把心思和精力用到干事创业、狠抓落实上，为“打造四个中心，建设现代泉城”做出应有贡献。

（摘自 2015 年《济南通讯》第 9 期）

科学发展、赶超进位、奋力崛起

王文涛

“打造四个中心，建设现代泉城”的号角已经吹响，这是济南科学发展、赶超进位、奋力崛起的宏伟蓝图，各级干部、各条战线、全体市民必须为之不懈奋斗。

各级干部是“打造四个中心，建设现代泉城”的“先锋队”。市委、市政府号召，全市各级干部尤其是党员干部立刻行动起来，以时不我待的紧迫感、不进则退的危机感、主动作为的责任感，迅速掀起比作风、比效能、比担当的新热潮。要争做敢于担责、敢于拼搏的表率，事事深入一线，时时冲锋在前；要争做依法行政、高效办事的表率，坚决杜绝行政不作为、慢作为、乱作为，做到流程最短、手续最简、效率最高；要争做主动服务、优质服务的表率，努力让企业满意、让基层满意、让市民满意。

各条战线的建设者是“打造四个中心，建设现代泉城”的“主力军”。市委、市政府号召，全市所有建设者立刻行动起来，以饱满的热情、精湛的技能、求实的精神，迅速掀起比干劲、比技能、比奉献的新热潮。要立足本职岗位，全心投入工作，始终以昂扬向上、争创一流的干劲，在“打造四个中心，建设现代泉城”中争当先进、争创模范；要站在前沿、瞄准先进，善向优者学、勇与强者比、敢与快者争，切实增强工作本领和智慧，用过人的能力、高超的技术，屹立于“打造四个中心，建设现代泉城”的潮头；要有不畏艰难、勇往直前的锐气，不比基础比发展，不比条件比奉献，在“打造四个中心，建设现代泉城”中敢挑重担、善破难题、勇创佳绩。

全体市民是“打造四个中心，建设现代泉城”的“主人翁”。市委、市政府号召，全体市民立刻行动起来，以强烈的主人翁意识、积极的参与者姿态、务实的推动者角色，迅速掀起比热情、比素养、比形象的新热潮。每一名市民都是“打造四个中心，建设现代泉城”的主人翁，不做局外人，要有饱满的热情，用辛勤的汗水为全市经济社会发展增砖添瓦；每一名市民都是“打造四个中心，建设现代泉城”的参与者，不做旁观者，要积极参与其中，用实际行动为全市经济社会发展建功立业；每一名市民都是“打造四个中心，建设现代泉城”的推动者，不做过路客，要全力以赴，用智慧和力量为全市经济社会发展添砖加瓦。我们坚信，有全体市民众志成城的凝聚力、同舟共济的向心力，“打造四个中心，建设现代泉城”的目标一定能够早日实现。

人心齐，泰山移。面对省委、省政府的重托，我们坐不住；面对人民群众的期待，我们慢不得；面对千载难逢的机遇，我们等不起。全市上下必须团结一心，只争朝夕，埋头苦干，敢于担当，在“打造四个中心，建设现代泉城”的征程上，不断抒写济南发展的壮丽篇章，奋力夺取全面建成小康社会决胜阶段的伟大胜利！

（摘自 2016 年《济南通讯》第 1 期）

鼓励创新、允许试错 以新作为落实新理念

王文涛

习总书记强调，新发展理念要落地生根、变成普遍实践，关键在各级领导干部的认识和行动。习总书记还指出，要把干部在推进改革中缺乏经验、先行先试出现的失误和错误，同明知故犯的违纪违法行为区分开来；把上级尚无明确限制的探索性试验中的失误和错误，同上级明令禁止后依然我行我素的违纪违法行为区分开来；把为推动发展的无意过失，同为牟取私利的违纪违法行为区分开来，保护那些作风正派又敢作为、锐意进取的干部，最大限度调动广大干部的积极性、主动性、创造性，激励他们更好地带领群众干事创业。刘云山同志也强调，要按照习总书记三个区分开来的要求，既严格管理干部又热情关心干部，明确哪些属于改革中先行先试出现的错误，哪些属于探索性试验中的失误和错误，哪些属于推动发展的无意过失，明确相关的具体情形和政策界限，完善容错纠错机制，健全激励保障制度，真正为敢担当的干部担当，为敢负责的干部负责，最大限度调动广大干部的积极性，形成有利于干部奋发有为的社会环境。为鼓励各级领导干部敢于担当、开拓进取，我市正在研究制定《关于支持党员干部干事创业建立容错免责机制的实施办法（试行）》，同时还要出台干部能上能下的文件。解决干部能上能下，重点是能下的问题。借今天这个机会，我谈谈为什么要建立“容错”机制、为哪些人哪些事“容错”、怎样建立“容错”机制等问题。

第一，为什么要建立“容错”机制。“容错”机制是“为敢于担当者而担

当”的制度保障。没有“容错”免责机制，“为敢于担当者而担当”就很难落到实处。具体来讲，建立“容错”机制，一是贯彻落实“五大发展理念”的需要。五大发展理念本身就是重大理论创新。落实五大发展理念，最有力的抓手也是改革创新。然而改革不可能一帆风顺，创新不可能一蹴而就，难免会走岔路弯路，甚至错路。对此，我们不能求全责备。改革创新就要容许失败、宽容失败，但是绝不容许不改革创新。我们在贯彻落实五大发展理念的过程中，必须建立宽容挫折、容忍失败的“容错”机制，为勇于改革创新者保驾护航，解除后顾之忧。二是推进“四个中心”建设的需要。发展之路无坦途，攻坚克难看担当。推进“四个中心”建设，面临着许多“拦路虎”“硬骨头”，比如招商引资、项目建设、棚改旧改（征地拆迁）三项重点工作，治堵、治霾、脱贫三大攻坚战，等等，这些都是难啃的“硬骨头”，我们必须勇于亮剑、敢于担当，蹚出一条新路子。在这个过程中，“摸着石头过河”，有可能“摸对”，也有可能“摸错”。对了有鲜花和掌声，错了也不能“一棍子打死”。有句话说得好，“失败是成功之母”。从某种意义上来讲，对失败者的抚慰，要比对获胜者的赞美更有意义，更能鼓舞人的斗志。三是营造良好政治生态的需要。当前，消极应付、为官不为，行动迟缓、推诿扯皮等现象，在我市一些党员干部身上还不同程度地存在。造成这些现象的原因是多方面的，其中一个很重要的原因就是现行制度中缺乏相应的“容错”机制和“试错权”。我们对因改革创新发生的过错缺乏足够的包容，干部一旦出现失误，很可能被误解，甚至被冷落。只有建立“容错”机制，才会真正激发广大党员干部干事创业的积极性，让他们没有顾虑、甩开膀子、全心全意地投入到事业中去。

第二，为哪些人哪些事“容错”。总的来讲，我们鼓励改革、鼓励创新，允许试错、宽容失败，前提是政治上要始终对党忠诚，严守政治纪律和政治规矩，守住“高压线”；工作上要始终遵纪守法、廉洁从政，守住“口袋线”。在这一前提下，重点区分以下几种情况：一要宽容先行先试的失误，不容明知故犯的违纪违法行为。对那些在谋划和推动改革发展中敢于第一个“吃螃蟹”先行先试，但由于经验不足而出现一般性偏差和失误的，要宽容包容，并加强指导、帮助改进，决不允许明知是乱折腾却要一意孤行、将错就错的“错试”行为。二要宽容探索性试验中的失误，不容我行我素的违纪违法行为。就是对那些面对经济社会发展中的难点热点问题，积极探索解决的新思路、新办法、新途径，但因种种客观因素影响而发生错误的，要宽容包容，鼓励丢下包袱继续前进，决不允许独断专行、不守规矩的胡作非为。三要宽容推动发展的无意过失，不容牟取私利的违纪违法行为。就是对那些在履职担当、干事创业过程中，特别是在打造“四个中心”，推进招商引资、项目建设、棚改旧改（征地拆迁）三项重点工作，实施治堵、治霾、脱贫三大攻坚战中，虽有工作失误或无意过失，但确实出于公心、勤勉尽责、不牟私利的单位和个人，要宽容包容，决不允许打着改革旗号捞政绩、以权谋私搞贪腐的行为。

第三，怎样建立“容错”机制。一要完善免责机制，落实“犯错可容”。“容错”机制能否管用，关键要看结果运用。我市即将出台的《关于支持党员干部干事创业建立容错免责机制的实施办法（试行）》，对此做了明确规定，文件正式出台后，还要在具体实行中不断完善，真正让符合“容错”条件的相关单位和个人，有“冤”有处申、有苦有处诉，执纪执法单位要加强正面引导，不做负面评价，依法依规减轻或免除相关责任，确保改革创新的“试错权”真正下放、落到实处。二要完善纠错机制，推动“知错能改”。古人讲，“知错能改，善莫大焉”。我们建立“容错”机制，是为了解决问题，更好地推动改革发展，决不能搞“一容了之”“知错不改”。所以，纠错与“容错”同样重要，二者是一对辩证关系，并行不悖、缺一不可。在纠错方面，我们党在革命、建设和改革开放等各个时期的实践中，形成了丰富的实践经验和制度体系。我们要在充分运用已有经验的基础上，结合济南实际探索创新，健全纠正错误的长效机制，确保一旦犯错能够及时改过来。三要完善监督机制，力争“免于犯错”。建立“容错”机制，还要在怎样使党员干部特别是领导干部“少犯错”“不犯错”上多下功夫，避免不必要的失误。完善监督机制包含两个方面：一方面要加强对党员干部的日常管理监督，对党员干部身上的苗头性、倾向性问题，要早发现早提醒，及时咬咬耳朵、扯扯袖子；另一方面党员干部要自觉接受监督，平时就以共产党人的宽广胸怀，抱着“有则改之，无则加勉”的态度，多听取各方面的意见建议，尽量避免犯错，而不能仅仅在开民主生活会时才听取意见建议。

（摘自2016年《济南通讯》第2期）

落实工作重在操作

王文涛

今年的全国两会，观全局、议大事、谋大计，拉开了决胜全面建成小康社会的历史大幕。宏伟蓝图已经绘就，关键是如何落实。习近平总书记强调，“干部干部，干是当头的”。施政之要贵在落实，重在实干。当前有些工作难以取得进展、获得实效的原因，既存在着不落实，也存在着落实不了的现象。落实不了往往是因为没把“操作性”挺在前面。一方面，我们要大兴“为敢于担当者而担当”之风，建立完善容错机制，解决想干、敢干、积极干的问题；另一方面，我们强调落实工作要注重操作性，解决能干、会干、善于干的问题。落实工作重在操作，是“实干精神”的题中应有之义。否则，再好的计划和规划，都是水中月、镜中花，再好的愿景都只能停留在图纸上、文件中，而不会真正利于发展、惠及人民。

重在操作要靠“实”。现在有些干部，汇报工作表面文章做得漂亮，说起来一套一套的，出口成章、头头是道，甚至是今天一个打算，明天一个想法，花哨的概念一大堆。现在是网络社会，各种纷乱的概念网上都有，下载粘贴一下，拿出来的语言貌似挺先进的。从网上东拼西凑一些新词汇、新提法，听着挺唬人，实际上是一些中看不中用的“花把式”，并不是实实在在的“真本事”。这种重“形式”而不重“操作”的工作汇报、工作计划，严重背离“三严三实”的要求，说得好听一点儿是“正确的废话”“华丽的套话”，说得严重一点儿就是“语言的腐败”，对现实工作十分有害。

重在操作要靠“专”。同样的食材和灶具，为什么大厨做出来的饭菜更好吃？因为“专业程度”不同，本事就体现在“操作”上。我们想问题、看问题，首先要有“专业眼光”，要凭专业说话，按规矩办事，不跟风，不蛮干，更不能想当然。有些干部，老百姓戏称为“三拍干部”，就是拍脑袋决策、拍胸脯蛮干、拍屁股走人，这样的干部做事不敬业，也不专业，结果一辈子都在混日子而成就不了事业。再一个就是要有“专业素养”。别人能干的我们不能干，叫无能；别人能干的我们也能干，叫尽职；别人不能干的我们能干，叫本事。有些干部，别人能干，自己干不了，还整天怨天尤人，牢骚满腹，其实就是无能的表现。

重在操作要靠“真”。就是要真抓实干、雷厉风行，说了算、定了干，不能“光打雷不下雨”“只听楼梯响、不见人下来”，谈到重点项目就“有望开工”，谈到难点问题就“有望解决”，致使一些重点工作、重点项目长期停留在规划中，停留在报告中，在老百姓看来，“有望”就成了“失望”，“承诺”就成了“忽悠”。重在操作，其本质和核心就是要“真落实”，要有“今天再晚也是早，明天再早也是晚”的思想，做到“时辰可拖，日期不可改”。我们要在操作上实现真落实，还要敢于担当，同时要为敢于担当者而担当、为勇于负责者而负责，遇到事情不逃避，碰到难题敢面对，营造一个敢干事、能干事、干成事的良好氛围。

总之，我们在落实工作时，应该多想一想怎么操作。对于提出的思路、打算，首先要思考有没有操作性，该怎样操作。把能否操作、如何操作的问题解决好了，工作落实推进就会事半功倍。

（摘自2016年4月12日《人民日报》）

二/季评

坚持用“四个全面”统领全市各项工作

季　评

2014年12月，习近平同志在江苏省调研考察时提出“四个全面”，即全面建成小康社会、全面深化改革、全面依法治国、全面从严治党。

今年2月，全国两会前一个月，在省部级干部研讨班上，习近平再次开讲“四个全面”，系统阐述治国理政的战略布局。

以习近平为总书记的新一届中央领导集体执政两年多以来，已逐步形成了一整套治国理政方略的顶层设计，循序渐进，有章有法。“四个全面”是马克思主义基本原理与当今中国具体实际相结合的理论创新成果，也是中国未来发展的蓝图设计，将共同撑起“中国梦”。

解读“四个全面”，每一个“全面”都具有重大战略意义。其中，全面建成小康社会是“战略目标”，而全面深化改革、全面依法治国、全面从严治党，则是三大“战略举措”——只有全面深化改革，才可能在政治、经济、文化、社会、生态文明五个领域突破利益的藩篱，挖掘社会的潜力，刷新体制机制；只有按照法治的方式治国、办事，才可能为改革提供长久的保障，保证航向不偏离、成果能固化；只有全面从严治党，才能使党始终保持先进性和纯洁性，巩固党的执政地位。因此，重塑政治生态、强化政治规矩、净化党的肌体，这是我国全面建成小康社会的前提条件。

对于“四个全面”，有媒体曾这样形象地比喻：改革三十余年，中国像一列从荒原中驶出的列车，不断换挡调速，穿山越桥。在这时代的列车上，“改革”是发动机，“法治”是稳压器，“党的领导”是火车头。在今天的发展大势下，要让这列载着十三亿多人口的列车行稳致远，不偏不倚地驶向“全面建成小康社会”的前方，势必选择全面深化改革、全面依法治国、全面从严治党三大战略举措，以此不断升级动力引擎、稳定方向系统。党的十八大明确提出了到2020年全面建成小康社会的奋斗目标。而提前实现全面建成小康社会，则是山东提出的奋斗目标。作为省会济南，理应在全省当好排头兵，率先全面建成小康社会、实现“中国梦”，这是济南的使命，也是对全省、全国的责任担当。“四个全面”思想是中央治国理政的思路，也应该统领我市的各项工作。

率先全面建成小康社会，全面深化改革是动力。习近平总书记强调：“中国改革经过三十多年，已进入深水区，可以说，容易的、皆大欢喜的改革已经完成了，好吃的肉都吃掉了，剩下的都是难啃的硬骨头。”所以，今后的改革只有通过全面深化改革，只有敢于啃硬骨头才能向前推动。具体而言，全面深化改革怎么改？就是要涉险滩、啃硬骨头、破瓶颈，突破利益固化的藩篱，对涉及的深层次问题、深层次矛盾、复杂利益关系进行深度调整，把需要攻坚克难的硬骨头找出来，把需要闯的难关、需要蹚的险滩标出来，一鼓作气、势如破竹地把形形色色的改革难点攻克下来。

去年，按照中央和省委、省政府要求，结合当前我市经济社会发展情况，我市出台《全面深化改革实施意见》——行政管理方面，要解决部门之间权责不清、推诿扯皮等问题；经济管理方面：重点实施商事登记改革和“负面清单”管理；社会治理方面：实现义务教育、养老、医疗、低保、救助和保障性住房等基础保障全覆盖；统筹城乡发展方面：坚持和完善农村基本经营制度；推进政务公开方面：重点以建设“网上政府”为载体……改革如何全面、如何深化、如何推进，《意见》已经给我们画下了一张清晰的“路线图”。2015年是全面深化改革的关键之年，是全面完成“十二五”规划的收官之年，同时还是“十三五”规划的布局之年，我们必须进一步提高对全面深化改革重大意义的认识，高举改革的旗帜，坚定改革的信心，把省会的改革开放和经济社会发展推进到一个新高度。

率先全面建成小康社会，全面依法治国是支撑。从重大现实意义看，全面依法治国是全面深化改革的法治保障。十八届三中、四中全会是姊妹篇——三中全会如果用一个关键词来表述的话就是“改革”，四中全会如果用一个关键词来表述的话就是“法治”，二者是一对“破”与“立”的关系：“破”是为了破除束缚发展的思想观念和体制机制障碍；“立”是为了建立起运转良好的制度体系和有利于发展的体制机制，建设社会主义法治国家。法治是一个国家发展的重要保障，是治国理政的基本方式。全面依法治国着眼于解决法治与人治的关系问题，目的在于实现党和国家长治久安。

去年 12 月，我市出台《全面推进依法治市的意见》，绘就了“依法治市”新蓝图。《意见》结合我市实际提出了全面推进依法治市的总体要求：强调要严格履行宪法实施责任，完善立法体制机制，推进科学民主立法；强调要建设法治政府，科学界定政府职能，理顺政府与市场、社会的边界，该放的下放，该管的管好，切实做到法定职责必须为，法无授权不可为；强调要着眼于集中整治人民群众反映强烈的执法不严、裁判不公和诉讼难、执行难等突出问题，维护社会公平正义，等等。

简言之，依法治市，就是在强化法治思维、提升法治能力、完善法治体系等方面取得更大进步，牢固树立“法定职责必须为”“法无授权不可为”“法无禁止皆可为”的思维，不断推动各项工作制度化、规范化和程序化。

率先全面建成小康社会，全面从严治党是关键。办好中国的事情，关键在党，关键在人。我们党是一个拥有 8600 多万党员、在一个 13 亿多人口的大国长期执政的党，党的形象和威望，党的创造力、凝聚力、战斗力直接关系党的命运，直接关系国家的命运、人民的命运、民族的命运。巩固党的执政地位，关键在于全面从严治党，使党始终保持先进性和纯洁性。在新的历史条件下，我们党面临“四大危险”和“四大考验”，全面从严治党的要求更加紧迫。“打铁还需自身硬”，治国必先治党，治党务必从严。党的十八大以来，我们大力加强党的建设尤其是作风建设和反腐倡廉建设，并且取得丰硕成果。如果对其经验和做法用一个字概括，就是“严”，“严”已成为党的建设的新常态。近年来，我市始终坚持党要管党、从严治党、依规治党，深入推进党风廉政建设和反腐败斗争，风清气正的政治生态进一步形成。

现在距离2020 年全面建成小康社会还有 5 年时间，我市能否实现率先建成小康社会的美好目标，关键在于我们能否准确把握战略布局、坚持用“四个全面”统领我们的各项工作。为此，我们要深刻理解、准确把握“四个全面”总方略的重大理论意义、实践意义，增强政治定力，提高执政水平，以时不我待的紧迫意识和夙夜在公的责任意识，锐意改革、开拓创新，不断推进“四个全面”战略布局，在率先全面建成小康社会的征程上，走出一条踏踏实实的“济南足迹”。

（执笔人：惠铭生，摘自 2015 年 2 月 28 日《济南日报》A01 版和 2015 年《泉城瞭望》第 1 期）

坚持做老实人　努力当好干部

季　评

近日，刘云山同志在全国组织部长会议上提出，要在领导干部中开展“三严三实”专题教育，让干部受警醒、明底线、知敬畏。习近平总书记提出的“三严三实”要求，既是做人修身之本，也是干事创业之基，更是从政用权之要。一句话，自觉践行“三严三实”要求，既要严字当头、廉字打底，做老实人，又要走在前列、干到实处，当好干部。

修身先正心。只有补足精神之“钙”，才能练就金刚之身。习近平总书记指出，理想信念是共产党人精神上的‘钙’。著名经济学家吴敬链先生、井冈山革命博物馆原馆长毛秉华教授，都已八十五岁高龄了。凡是读过吴先生著作、听过两位老人讲座的，无不为他们的精气神所深深地感染和激励。其实，他们在传播好声音、传递正能量的同时，让人们感受更多的是，坚定的理想信念，坚守的精神追求。我们每个党员干部都应该像他们一样，以信念上的坚定，保证行动上的坚定；以思想上的清醒，保证用权上的清醒；以正确的世界观、人生观、权力观、事业观，模范践行社会主义核心价值观。

正人先正己。打铁还需自身硬。其身正，不令而从，其身不正，虽令不从。从已经曝出的一些贪腐案件来看，个别干部特权思想严重，对人对己双重标准，个人凌驾于党纪国法之上。台上他说，台下说他，甚至是今天他说，明天说他。桃李不言，下自成蹊。身教胜于言教，干部管严自己了、管好亲属了、管住下属了，自然令行禁止，风清气正。思想改造永无尽头，从严律己永无止境。勿以恶小而为之，勿以善小而不为。每个干部都应该慎独慎微，慎始慎终，慎友慎好，自重自警，自省自励，镜子常照脸常洗，衣冠常正病早治，木鱼常敲钟常鸣，不断进行自我净化、自我完善、自我革新、自我提高，稳得住心神，立得住脚跟，管得住身手，经得住考验。

做官先做人。做官一阵子，做人一辈子。德才兼备，以德为先。践行“三严三实”要求，好干部首先应该是遵纪守法、明礼守信、重德守廉的好人；而不是不讲原则、不论是非，明哲保身、但求无过的老好人。其次，应该是始终如一、表里如一，忠诚可靠、公道正派，胸怀坦荡、心底无私的老实人；而不是台上一套、台下一套，人前一套、人后一套的“两面人”。再次，应该是勇于改革、善于创新、敢于担当的“负责人”；而不是会议室里不表态的木偶，办公桌前不担责的泥胎，镜头面前永远一幅表情的官油子，群众疾苦面前漠然处之的官混子，更不是为官不为、尸位素餐的“稻草人”。

做官先做事。追求做事，还是追求做官？这是每个干部都无法回避的问题。一字之差，却有天壤之别。如果把做事当成目的，让这个社会因你而更美好，让更多的人因你更幸福，就会像古人说的那样，“苟利国家生死以，岂因祸福避趋之”，自然会沉下心来，扑下身子，撸起袖子，甩开膀子，老老实实，扎扎实实，踏踏实实，做一些有益于人民、有益于社会的事，干几件打基础、利长远的事。这样的人，是把官位当成为民服务的岗位，为党尽责的职位，回报社会、成就自己的机会，他眼里盯的是事业，心里想的是国家，而不是把权力当成谋私利的梯子、求私欲的工具。反过来，如果把做官当成目的，做事当成手段，那他做什么事、做到什么程度是有选择的：对升迁有利，就会拼命干；与提拔无关，就会消极干；如果有风险，坚决不会干。热衷于政绩工程，急功近利、好大喜功的“积极”表现，某种程度上，与前怕狼、后怕虎，无所作为的消极怠工，其实是一体两面、相辅相成的。

唐代著名的高僧宗密，把顿悟的修行方法分为四种：一是顿悟顿修，如同许多乱丝，一刀斩断，放下屠刀，立地成佛。二是顿悟渐修，就像婴儿坠地，慢慢长大，不断教育，渐成完人。三是渐修顿悟，好比砍树，千斧不动，一斧倒下，或者说千锤打锣，一锤定音。但对绝大多数人来说，最为可行的还是第四种，渐修渐悟，活到老，学到老，修到老，悟到老。只要功夫深，铁杵磨成针。就像王岐山同志大力倡导的那样，学思践悟，永无止境。知行合一，积少成多，久久为功，必有所成。

总之，毛主席讲得好，“一个人做一件好事并不难，难的是一辈子只做好事，不做坏事”。同样，一个干部，一时把握好自己并不难，难的是一辈子把握好自己。面对各种诱惑，耐得住，便是能耐；有定力，才叫能力。适应新形势，应对新常态，达到新要求，自觉践行“三严三实”，每个干部都应该工作争上限，做人守底线，用权不越线，凡事不碰高压线；老实做人，踏实做事，扎实工作；努力做信念坚定、为民服务、勤政务实、敢于担当、清正廉洁的好干部。

（执笔人：徐先领，摘自2015年《泉城瞭望》第1期）

适应新常态　实现新作为

季　评

站在中华民族伟大复兴的新起点上，当我们回望云端高路，自党的十八大以来，全面小康、深化改革、打虎拍蝇、从严治党、依法治国、一带一路、互联互通、中国梦、新常态……这些时代热词一一呈现。特别是"新常态"这一具有历史穿透力的战略概念，正在逐步被融入中国经济社会发展的大语境，并被赋予更深刻的内涵。

适应新常态，引领新常态，首先要正确认识新常态、准确把握新常态。那么，到底什么是新常态？

新常态最早发端于经济领域，主要指我国经济从高速增长进入中高速增长后经济发展的阶段性特征，是一种趋势性、不可逆的发展状态。从历史的维度观察，无论是过去一二百年英美等西方国家，还是上世纪七八十年代日本、韩国、新加坡等亚洲国家，进入经济增速换挡回落过程的新常态都概莫能外；从现实的抉择考量，人口红利减退、资源环境压力加大、要素成本上升、债务和金融风险显现等，都制约着原来的高速度。之后，专家、学者和网友不断将新常态从经济领域渗透到当下的政治、文化、社会等各个领域。现在我们讲新常态，既意味着经济结构的调整、发展方式的转型，也意味着治理体系的建设、体制机制的再造。

如果从一个更宽广的视野和更大的坐标系中去审视，我们会发现，习近平总书记去年在江苏调研时提出的"四个全面"，正是对"新常态"的深刻解读和进一步深化，两者在理念和内在逻辑上几乎是一致的：全面建成小康社会，就是适度增长、注重质量的经济新常态；全面深化改革，就是突破羁绊、革故鼎新的体制新常态；全面依法治国，就是法安天下、德润人心的法治新常态；全面从严治党，就是反腐治吏、管党治国的政治新常态。新常态是零散的、抽象的，形成的过程是由此及彼、由表及里的渐进过程，彰显了对现实问题和未来挑战的清醒认识。“四个全面”是系统的、具体的，形成的过程是去粗存精、去伪存真的演化过程，彰显了对现实机遇的精准把握和对自身使命的责任担当。“四个全面”更侧重于战略布局、战略目标，就像打靶子，如果瞄不准发展靶心，就容易走弯路甚至“脱靶”。

十八大以来，几次重大会议，勾勒出“四个全面”形成的路线图：十八大强调“全面建成小康社会”，三中全会部署“全面深化改革”，四中全会要求“全面依法治国”，教育实践活动总结大会宣示“全面从严治党”。去年 12 月，习近平首次提出“四个全面”论述，2015 年春节后，人民日报又推出重磅系列评论员文章，这一战略布局终于“集其大成”。可见，协调推进“四个全面”，既是中国发展战略布局的清晰展示，也是对“新常态”的深刻解读；既是问题倒逼的时代要求，也是回应人民期待的历史责任；既是指引我们前行的理论导航，也是结合中国实际进行的生动实践。可以说，扎实推进“四个全面”战略部署，就是当下中国的“新常态”，能不能适应“四个全面”的新要求，就是检验和衡量我们是否适应“新常态”的重要标尺。

对济南来讲，“大环境”决定了“小气候”。目前，我市同全国一样，正在同步进入经济发展、深化改革、依法治市、从严治党四个新常态。

新常态孕育着新机遇、新转变。济南作为东部沿海经济大省的省会，在很多产业和领域拥有独特的发展优势和潜力，具备很多在新常态下转型发展的积极因素和有利条件：省会城市群经济圈稳步推进，以财税、金融、国企和文化体制改革为重点的 20 项重点领域改革深入实施，简政放权、六城联创进展顺利，依法治市战略全面启动，风清气正的政治生态正在形成。因此，进入新常态的济南，将会从根本上脱离传统粗放的增长方式和管理模式，成功跨过“中等收入陷阱”，走上追求质量、效益、生态文明和可持续发展的新路径，而且一定会越走越宽广。

新常态也伴随着新矛盾、新风险。进入新常态，意味着济南需要协调解决改革、发展、稳定的一道道难题，需要蹚过前行路上的一道道沟坎：经济增长下行压力凸显，深层次利益改革步履缓慢，“信访不信法”的现象仍难根除，从严治党的征途更是任重道远。所谓门槛，迈过了就是门，迈不过就是槛。因此，在改革前行的道路上，不管遇到怎样的艰难险阻，都要“敢于啃硬骨头、敢于涉险滩”，以更高的智慧和更大的魄力推进各项改革进程。

既要抬头看天，更要低头做事。既然进入新常态，全市上下就要顺应大势，凝聚共识，把思想认识统一到中央的重大战略判断上来，在新常态视角下扎实推进各项工作，努力实现新常态下的新作为。

要以只争朝夕的态度实现新作为。在新年贺词中，习近平用到了一句非常接地气的网络用语：“为了做好这些工作，我们的各级干部也是蛮拼的。”这个“拼”字蕴含着对待工作的勤勉态度和进取精神。当前，在新常态的大背景下，“加快科学发展，建设美丽泉城”无疑是一场时间上无法拖延的大考。回顾济南发展的历史，既有抢抓机遇实现快速发展的辉煌，也有错失机遇贻误发展的惋惜。机遇不等人，赶上了这个机遇，各级干部就要把它当作我们的使命，大力倡导“拼”的精神，牢固树立等不起慢不得的紧迫意识，以只争朝夕、时不我待的强烈责任感，主动作为，使“蛮拼的”成为新常态下各级干部工作状态的真实写照。

要以改革创新的举措实现新作为。枝繁叶茂处拨得开，才是手段；风狂雨急时立得定，方见根底。面对复杂严峻的国内外形势和艰巨繁重的改革发展任务，唯有把济南的突出问题分析准、研究透，拿出切实可行的思路和办法，用改革创新的思维，把工作着力点放到产业结构调整上来，放到统筹推进各项改革上来，放到不断完善治理体系和营造良好发展环境上来，才能不断增创省会发展的新优势。

要以踏石留印的作风实现新作为。新常态中激荡着泉城梦、中国梦，梦想的背后是“千年的回响、百年的渴望”，但让梦想照进现实，关键在于实干，没有实干，任何梦想都不会成真。从转方式、调结构奔涌的热潮，到转作风、除积弊强劲的脉动；从“望得见山、看得见水、记得住乡愁”的生态治理，到公车改革、养老保险“一碗水端平”；从优化创新社会管理，到促进社会公平正义的依法治市……每一个都是难啃的硬骨头，需要各级干部以踏石留印、抓铁有痕的劲头一项一项抓落实，一步一步攻难关，形成务实重行、真抓实干的新常态。

“看似寻常最奇崛，成如容易却艰辛”。努力实现新常态下的新作为，为建设美丽泉城展现了一幅未来的幸福图景，但却需要我们用辛勤的汗水来浇灌，用不懈的奋斗去追求，诚如作家张小娴所言：“最后得到好东西，不是幸运，有时候，必须有前面的苦心经营，才有后面的偶然相遇。”

（执笔人：马振鹏，摘自2015年3月30日《济南日报》和2015年《泉城瞭望》第1期）

两会时间：开启“济南梦”之路

季　评

深埋在济南市民心底的梦想是推进济南发展进步的动力源泉。济南市民梦想的实现，不可能一蹴而就，靠的是全市人民的共同努力，靠的是各级一步一个脚印的实干。在梦想与现实之间，党委政府的战略部署发挥着关键作用。正在召开的济南市“两会”，就是为实现济南梦谋划破局之策，开启远航之帆，是关键阶段的关键之举。“每个市民都有自己的梦，无数的市民梦构成了共同的济南梦”。700多万市民，每个人都有各自的具体梦想，如何回应市民的梦想和期待，关键是既要谋长势，也要图当下，积极顺应发展的“新常态”，真情关切市民的“新需求”。

精神状态决定干事成效，工作作风影响工作业绩。在新的历史起点阶段，更有必要倡导解放思想、敢闯敢试的精神，顽强拼搏、创新创业的精神，并使之成为“济南梦”重要的精神支持。这样的价值认知和精神取向，应该成为全体市民共同遵循的价值观念，内化于心、外化于行。其实济南人从不缺少这样的精神追求，正是有着这样的从不服输、敢为人先的品质，使得济南在千难万险和关键抉择面前，创造了一个又一个的辉煌，走过了一段又一段不平凡的道路。但需要警惕的是，在一些党员干部心中，仍然残存着甘当平庸官、甘为平庸事的心态，仍然保留着徘徊观望、裹足不前的思想。拒绝平庸，拒绝观望，应该成为追逐“济南梦”的第一堂精神动力课。

实现“济南梦”，综合实力尤其是经济实力还是根本保证。政府工作报告中，对此有着理性的认识和科学的目标：8.5%左右的生产总值增长、10%左右的地方公共财政收入增长，符合经济发展进入“新常态”的要求；坚持以创新引领产业转型升级，催生经济发展新动力，着力打造省会发展新高地，符合省会城市群经济圈的规划定位；坚持让城区经济、县域经济两翼展翅齐飞，发挥优势、统筹推进，符合省会发展新跨越的要求；鼓励大众创新创业，完善创业融资扶持体系，筹建首所创业大学，抓好创业型街道社区创建，培育推出更多众创空间，符合经济壮大发展的规律。

只要把民生问题时时放在突出位置，时刻增加民生新期待的分量，市民的梦想就会与“济南梦”同频共振。政府工作报告提出的“泉城特色突出、规划布局合理、建筑和谐美观、设施配套齐全、生态环境良好、管理井然有序”的城市规划建设管理目标，加强生态环境建设和“公交都市”建设、海绵城市建设，为实现城市品质提升和可持续发展提供了可能；实施大气污染防治“十大行动”，加强“河湖连通、五水润城”为重点的水系治理，美丽泉城建设不再遥远；培育农业龙头企业，建设农村产权市场体系，流转承包经营权等一系列“三农”举措，为城乡一体化发展奠定坚实基础；做好18件民生实事，创建国家食品安全城市，以及丰富济南城市精神内涵，打造齐鲁文化发展新高地，让济南这座城市更具温情，更显城市内涵。更重要的是，这些都是事关民生的一件件大事。

新常态彰显新趋势，新征程孕育新希望。“两会”时间启动了“济南梦”的发展模式，对于这样的梦想模式，市民寄予了满腔期望，成效能否按照预期显现，需要全市各级的不懈努力，也需要全体市民给予持续的支持，惟如此，在梦想实现的旅途上才会不断发生精彩的城市故事。

（执笔人：李永生，摘自2015年《泉城瞭望》第4期）

争当“排头兵”　共筑“济南梦”

季　评

日前，在全市领导干部会议上，省委主要领导明确要求，济南要紧扣“走在前列”的目标定位，努力在落实“四个全面”的战略布局中争当排头兵。会上，市委主要领导明确表示，要与700多万济南人民一同追逐“济南梦”。之后，在全市两会上，《政府工作报告》明确提出，要努力在全面建成小康社会进程中走在前列。

去年底，在全省经济工作会议上，省委、省政府要求，各行各业、各个领域的工作，都要力争走在全国前列。“走在前列”，是习总书记对山东工作的殷切期望和要求，是省委、省政府做出的科学决策和重大战略部署。

山东以“走在前列”为目标定位，作为经济文化强省的省会、省会城市群经济圈的核心龙头，济南应该怎么办？答案只有一个：济南要走在全省的前列，争当排头兵，共筑济南梦。也就是说，济南的经济社会发展不但要达到、而且要高于全省平均水平，各方面的工作都要力争上游，创先争优，不断提高在全省的首位度，特别是要在落实“四个全面”战略布局中，努力走在全省乃至全国的前列。

应该说，这一发展定位，符合中央和省委的部署要求，符合济南的发展实际，符合广大人民群众的期待和愿望，较好地体现了高点定位、高标谋划、高效推进、敢于担当、锐意进取、从严从实的发展理念。这是一项艰巨的任务，全市上下都要把“争当排头兵”作为坚定不移的奋斗目标、坚持不懈的努力方向，把“共筑济南梦”作为凝心聚力的“最大公约数”，铆足劲，扣紧手，凝心聚力抓发展，持续深入抓改革，坚定不移抓法治，坚持不懈抓作风，全力以赴，努力打造改革发展新高地。

不可否认，面对经济发展新常态，要走在全省乃至全国前列，济南还面临较大压力，经济社会发展还存在诸多矛盾。在增速换挡期、转型阵痛期和改革攻坚期“三期叠加”的特殊阶段，平衡“稳增长”与“调结构”之间的难度日益增加，经济增长的下行压力不断加大。同时，城建管理、民生保障、社会治理等工作任务繁重；生态环境、安全生产、交通拥堵等方面备受关注……这些问题，有的是长期积累下来、没有根本解决的，更多的则是在发展过程当中，特别是新常态下又新产生的，而且，多重矛盾相互交织、错综复杂。如何破解这些难题，对全市上下都是一场严峻的考验。

但是，也应当看到，除了压力与挑战外，新常态同样孕育着许多新机遇。不论是全国还是全省，总体经济社会发展形势还是向好的。具体从济南看，很多产业和领域拥有独特的发展优势、巨大的发展潜力。特别是随着省会城市群经济圈战略的加快推进，轨道交通等重大基础设施的依次展开，济南的区位优势更加突出，城市综合服务功能、承载能力不断增强。同时，东拓、西进、南部绿色发展、北部跨河发展战略的加快实施，使城市发展空间得到了实质性拓展。另外，近几年，相继出台了一系列深化改革的重要举措，营商环境明显改善，发展活力逐步释放……所有这些，都为济南加快科学发展奠定了坚实基础。

以新状态应对新常态，以新举措争取新作为，才能把新常态转化为新机遇，从而实现新突破。全市上下一定要正确认识、主动适应、积极引领新常态，切实做到认识上到位，能力上提高，行动上有力，措施上配套，努力在新常态下开创新局面。

——在发展理念上，要始终把加快科学发展作为第一要务。坚持“稳中有进”的总基调，转变发展方式，加快转型升级、提质增效，在保证质量、效益的前提下，积极争取适度、较高的增速。稳增长、稳就业、稳物价、稳收入、稳社会，进一步优化经济结构、进一步加大“转调创培”力度、进一步提高质量效益、进一步深化改革开放、进一步改善人民生活，着力打造加快科学发展、建设美丽泉城的升级版。

——在发展重点上，要把招商引资作为经济工作的生命线，突出抓好重点项目建设和招商引资。要切实由政策招商向环境招商、服务招商转变。念好“早、快、好、实”四字经，工作再抓紧一点，服务再靠上一步，措施再具体一些，落实再盯紧一下，争取大项目、好项目早落地、早开工、早建成、早见效，促进有效投资、高效投资。

——在发展动力上，要全面深化体制、机制改革，简政放权，向改革要红利，以创新增动力。拉长长板，补齐短板，培育新板，推动多规一体、产城融合，促进一、二、三产业统筹发展。加快培育新兴产业与改造提升传统产业并重，城区经济与县域经济发展共举，特别是要在工业、民营、县域、园区、外向型经济等方面，取得实质性突破。大力实施创新驱动战略，着力弘扬济南百年开埠精神，努力营造支持改革、鼓励创新、宽容失败、容许试错的浓厚氛围，鼓励大众创业大胆试，引导万众创新大胆闯，积极培育新的经济增长点，形成推动发展的新动力、新活力。

——在发展目的上，要把出发点和落脚点，更加坚定地放在富民、惠民、便民、利民、安民上。尽力而为、量力而行，统筹解决好群众最关心、最直接、最现实的就业保障、环境治理、交通拥堵、扶贫解困、安全生产等方面问题，让群众有活干、有钱挣、有盼头，日子越过越好，社会更加和谐稳定。

——在发展支撑上，要广泛调动各方面的积极性、主动性、创造性，凝聚共识，整合资源，形成合力。众人拾柴火焰高。千斤重担一起挑，人人肩上有“指标”。这个“指标”，不只是经济社会发展指标，更多的是整个社会的共识度、参与度和支持度，整个城市的凝聚力、吸引力和竞争力。济南的改革发展，不只是要靠“市长”，也不只是要靠“市场”，更多的是要靠每个市民、整个社会。每个人都要做建设者、参与者、推动者和共享者，而不是旁观者，更不是缺席者。千万人的“个人梦”实现了，就能汇聚成强大的“济南梦”。

心态决定姿态，姿态决定状态，状态引领常态。新常态下，谁认识得早、适应得快、引领得好，谁就能在新一轮发展中抢得先机，拔得头筹，争先进位。当前，济南进入了加快改革发展的崭新时期，新常态彰显新趋势，新征程孕育新希望。全市上下务必要将中央的战略部署和省、市委的决策要求，坚定不移地贯彻到各项工作中，进一步提升发展标杆、工作标准、精神境界，积极作为、敢于担当、真抓实干，努力争当落实“四个全面”的排头兵、“走在前列”的领头雁，齐心合力，共筑宜业宜居、宜商宜游、幸福美好的“济南梦”。

（执笔人：徐先领，摘自2015年5月4日《济南日报》和2015年《泉城瞭望》第3期）

争做“三严三实”好干部

季 评

5月6日，市委主要领导为全市各级领导干部讲专题党课，正式启动了全市县处级以上领导干部“三严三实”专题教育。他强调，一定要深入学习领会习近平总书记关于“三严三实”的重要论述，准确把握中央和省委关于开展专题教育的部署要求，不断增强践行“三严三实”的自觉性、坚定性。

其实，对每个关心、关注省会改革发展的济南人来说，只要认真梳理一下新任市委主要领导任职以来的指示要求，就不难发现其中的关联性、一致性和系统性。履新之初，3月27日，在全市领导干部会议上，发表任职感言，要做明白人、带头人、清白人、健康人；4月3日，在市委落实党风廉政建设责任制大会上，明确要求广大党员干部特别是领导干部，认真践行“三严三实”要求，做清正廉洁、克己奉公的表率；4月20日，在干部队伍建设和作风建设专题调研座谈会上，又提出对照“三严三实”标准，以“四看一听”的选任机制使用好干部，真正树立起“实在、实干、实绩”的选人用人导向，激励更多的干部干事创业、造福人民……

“三严三实”专题教育，是党的群众路线教育实践活动的延展深化，是持续深入推进党的思想政治建设和作风建设的重要举措，是严肃党内政治生活、严明党的政治纪律和政治规矩的重要抓手。市委的一系列指示要求，则是指导实践、推动工作的指挥棒和发令枪。怎么样把中央的部署与市委的要求有机结合起来，做好结合的文章、创新的文章，是必须深入思考、认真回答的一份考卷。要做好这份考卷，每个党员干部都应当做到以实在、实干、实绩为导向，从思想上、工作上、作风上真正严起来、实起来，自觉把“三严三实”要求体现到履职尽责、做人做事的方方面面，努力做“三严三实”的忠实遵守者、模范践行者。

以实在、实干、实绩为导向，自觉践行“三严三实”要求，首先要坚定理想信念，始终做政治上的明白人。只有补足精神之“钙”，才能练就金刚之身。习近平总书记指出，理想信念是共产党人精神上的“钙”。每个党员干部都应该以信念的坚定，保证行动的坚定；以思想的清醒，保证用权的清醒；以正确的世界观、人生观、事业观，模范践行社会主义核心价值观。严格对照“严以修身、严以用权、严以律己，谋事要实、创业要实、做人要实”的要求，聚焦对党忠诚、个人干净、敢于担当，自觉做到心中有党、心中有民、心中有责、心中有戒，守纪律、讲规矩，以敬畏之心对待权力，以戒惧之心对待法纪，以淡泊之心对待名利，以健康之心对待生活。

以实在、实干、实绩为导向，自觉践行“三严三实”要求，核心是要走在前列、干到实处，努力做工作上的带头人。追求做事，还是追求做官？这是每个干部都无法回避的问题。一字之差，天壤之别。如果把做事当成目的，让这座城市因你而更美丽，这个社会因你而更美好，更多的人因你而更幸福，就会像古人所说的那样，“苟利国家生死以，岂因祸福避趋之”，自然会沉下心来、扑下身子、撸起袖子、甩开膀子，老老实实、扎扎实实做一些有益于人民、社会的事，干几件打基础、利长远的事。这样的人，是把官位当成为民服务的岗位、为党尽责的职位，当成回报社会、成就自己的机会，他眼里盯的是事业、心里想的是群众，而不是把权力当成谋私利的梯子、求私欲的工具。反过来，如果把做官当成目的、做事当成手段，那他做什么事、做到什么程度是有选择的：对升迁有利的，就会拼命干；与提拔无关的，就会消极干；凡是要担风险的，坚决不会干。

以实在、实干、实绩为导向，自觉践行“三严三实”要求，务必要以身作则、廉洁自律，自觉做从政上的清白人。每个党员干部都应该镜子常照脸常洗、衣冠常正钟常鸣，不断自我净化、自我完善、自我革新、自我提高，时刻自重自警、自省自励，稳得住心神，立得住脚跟，管得住身手，经得住考验。

以实在、实干、实绩为导向，自觉践行“三严三实”要求，关键要严字当头、实字打底，坚持做生活中的健康人。做官一阵子，做人一辈子。德才兼备，以德为先。对每个党员干部来说，都应该做遵纪守法、明礼守信、重德守廉的好人，而不是不讲原则、不论是非、明哲保身的老好人；做表里如一、忠诚可靠、公道正派、健康向上的老实人，而不是台上一套、台下一套和人前一套、人后一套的“两面人”；做勇于改革、善于创新、敢于担当的“负责人”，而不是会议室里不敢表态的木偶、办公桌前不愿担责的泥胎、镜头面前永远一副表情的官油子、群众疾苦面前漠然处之的官混子，更不是为官不为、尸位素餐的“稻草人”。

当前，济南的改革发展进入了一个崭新阶段、关键时期。全市上下务必要将中央的部署和省委、市委的要求坚决贯彻到各项工作中，凝心聚力抓发展，持续深入抓改革，坚定不移抓法治，坚持不懈抓作风，齐心协力把济南建设得更美更好。

解放思想，是改革开放不断取得突破的重要法宝。全市各级务必要进一步解放思想，秉承济南百年开埠精神，在守住党纪国法底线的前提下，大力营造支持改革、鼓励创新、宽容失败、容许试错的浓厚氛围，鼓励大众创业大胆试，引导万众创新大胆闯，努力形成推动发展的新动力、新活力、新合力。

“三严三实”，是共产党人最基本的政治品格和做人准则，也是党员干部的修身之本、为政之道、成事之要。每个党员干部务必要身体力行，把“三严三实”要求作为修身做人、用权律己的基本遵循，把“实在、实干、实绩”导向作为干事创业的基本准则，在观念上适应、认识上到位、能力上提高、行动上有力，工作不断争上限，做人始终守底线，用权坚持不越线，凡事不碰高压线，老实做人、踏实做事，扎实工作，力争上游，创先争优，努力争做“三严三实”好干部。

（执笔人：徐先领，摘自2015年5月19日《济南日报》和2015年《泉城瞭望》第4期）

以思想大解放促进济南大发展

季 评

干在实处永无止境，走在前列要谋新篇。为在全市上下营造解放思想、干事创业的浓厚氛围，日前，市委决定，在“三严三实”专题教育中，结合专题学习研讨，在全市县处级以上领导干部中开展“解放思想大讨论”。

其实，早在3月27日全市领导干部会议上，省委主要领导就已明确要求我市，要进一步解放思想，开拓创新，释放活力。市委主要领导履新以来也多次强调，要努力营造解放思想、敢于担当的政治生态，为推进改革发展注入强大动力……

正如党的十八大报告指出的，“解放思想，实事求是，与时俱进，求真务实，是科学发展观最鲜明的精神实质”。作为我们党思想路线的精髓，解放思想是解决一切问题的总开关。它的本质特征是，思想观念的更新、思维方式的变革、精神状态的改变；主要方法是，树立问题意识，坚持问题导向，破除阻碍发展的观念，突破束缚行动的定式，摒弃不合时宜的偏见；根本目的是，以新状态引领新常态，以新思路谋求新发展，以新办法解决新问题，以新境界开创新局面。

眼界决定境界，境界决定思路，思路决定出路。每一次改革创新，每一轮科学发展，无不是运用解放思想这个法宝，不断超越自我的结果。不论对我们党来说，还是对我们这座城市而言，解放思想不是解决问题的权宜之计，而是一以贯之的工作主线；不是一步到位的终点，而是不断前行的一个又一个新起点。

解放思想是认识问题的前提，也是解决问题的钥匙。只有解放思想，才能找准问题的症结，找出存在的差距，找到破解难题的方法和途径。在“三严三实”专题教育党课上，市委主要领导重点列举了思想境界、精神状态、服务意识、领导能力、工作作风、自我约束六个方面存在的突出问题，强调要着力破除守成观念、畏难情绪、懒惰思想、老大意识和粗放思维。市委主要领导指出的这些问题，可谓一语中的，切中要害，发人深省。在招商引资、项目建设、简政放权等实际工作中，岂止在这些方面存在“不严不实”的问题！那种领导“踩油门”、下面“挂空挡”甚至“踩刹车”的梗阻现象，岂止在个别部门、个别干部中存在！那些不懂行、不在行、不内行的“南郭先生”，甘做闲人、懒人、庸人和甘当太平官、逍遥官、滑头官的混子、油子，岂止是只有基层、群众、企业才会遇到！诸如此类，故步自封，骨子里都是因为思想这个“总开关”出了问题。

如何解放思想？怎样解放思想？从“演绎法”来看，可能涉及方方面面，但从“归纳法”来讲，则主要涉及三个方面：怎么看？怎么办？怎么干？

怎么看？就是怎么看市情、区情、县情……特别是要立足省内看济南、比照省会看济南、放眼全国看济南、走向世界看济南，把济南的发展放到更大范围内、更高层次上来审视。跳出济南看济南才会发现，无论在经济总量、财政收入，还是在固定资产投资等方面；无论在县域、园区、工业经济，还是在民营、外向型经济等方面；无论是和省内的青岛、烟台等市比，还是对照其他全国副省级城市、省会城市看，我们在许多方面“短板”还比较突出，甚至可以说，差距不是越来越小而是越拉越大。前面的标兵不但数量越来越多，而且距离越来越远；后面的追兵不但数量越来越少，而且距离越来越近。面对这种不进则退、慢进也是退、稍一松懈就掉队的严峻局面，只有以坐不住的责任感、等不起的紧迫感、慢不得的危机感，瞄准先进城市、发达地区奋起直追、力争上游，济南才会蹄疾步稳，发展得更好一些、更快一些。

怎么办？就是要树立标杆找不足，对照先进找差距，围绕工作摆问题，结合自身做剖析，特别是要对照“三严三实”的标准和尺度，往深里找、向细里查。有什么样的工作定位，就会有什么样的工作目标和标准。我们要对照“走在前列”和争当落实“四个全面”排头兵这两个标杆，来谋划发展思路、制订工作措施。对照先进地区、发达城市，用更广的视野、更严的标准、更高的标杆，深入查摆制约省会经济社会发展的瓶颈问题、群众反映强烈的突出问题、影响干部干事创业的关键问题，抓住主要矛盾和矛盾的主要方面，选准切入点，找准突破口，下大力气抓好整改。

怎么干？一句话，就是学外地之长、创济南之新，高点定位，高标谋划，高效推进，全力加快科学发展步伐。要紧扣科学发展这个第一要务、经济建设这个中心，按照胆识、智慧、方法“六字方针”，以思想和行动的双重自觉，促进各级干部提振精气神，锤炼好作风，展现新作为。所谓胆识，就是敢为人先的勇气和胆略。只要有利于经济社会发展，只要能为老百姓带来福祉，就应该大胆闯、大胆试，撸起袖子、甩开膀子、扑下身子，苦干实干带头干，敢干会干创新干。所谓“智慧”，就是要把大胆探索与科学决策紧密结合起来，善用科学的思维方式指导工作、推动实践。每个干部都应当成为懂行、在行、内行的行家里手甚至是专家能手，凭专业说话，按规矩办事，以专业精神和素养来研究工作、解决问题。所谓“方法”，就是要敢于拆除篱笆围栏，勇于打碎瓶瓶罐罐，善于打破条条框框。坚决摒弃不符合社会主义市场经济规律的思想观念，大胆革除制约发展的体制、机制弊端，彻底改变束缚创新、创业、创造手脚的管理方式，这才是思想大解放的应有之义！

勇立潮头，才能永立潮头。全市上下都应当在深入调查研究、分析思考的基础上，集中时间、集中精力、集中群众智慧，紧密结合思想、工作和济南实际，召开“解放思想大讨论”务虚会、研讨会、专题座谈会、征求意见会……针对思想解放不够、观念更新不够、境界提升不够以及缺乏现代理念、创新意识、开拓精神等方面的问题，深入查找我市经济社会发展中存在的不足和差距，把脉问诊、对症下药，谈问题、谈意见、谈对策、谈建议……用“倒逼机制”把问题找准、思路理清、标杆树好、措施定好。既靠解放思想来发现问题，更靠解放思想探索解决问题的办法，集思广“议”，群策群力，使解放思想的过程，成为统一思想、凝聚共识的过程，成为齐心合力、共谋发展的过程，在解放思想中统一思想，变全市动员为全市行动。

说一千道一万，两横一竖全靠“干”。全市各级都应当牢固树立符合市场经济规律和客观规律、符合济南实际和工作实际的发展观，把解放思想植根于脑海里、落实到行动中、贯穿于推动工作的全过程，体现到深化改革、加快发展的实绩上。每个党员领导干部都应当既当指挥员又当战斗员，以自我革新的勇气、攻坚克难的劲头、敢于担当的精神，以只争朝夕、时不我待、雷厉风行、马上就办的作风，全力推进思想大解放、观念大转变、境界大提升，全面推动济南经济社会更好、更快、更大发展。

（执笔人：徐先领，摘自 2015 年 6 月 11 日《济南日报》和 2015 年《泉城瞭望》第 5 期）

让创新催生城市发展新动力

季 评

媒体报道，6月24日国务院常务会议通过了《"互联网+"行动指导意见》，推动互联网与各行业深度融合，用"互联网+"助推经济保持中高速增长、迈向中高端水平。

在互联网发展史上，1999年3月10日是个不寻常的日子。这一天，在杭州的一所公寓里，一个名叫马云的年轻人，在自己的家中，和17个与他一样怀揣梦想的"草根创客"，创立了一家名叫"阿里巴巴"的互联网公司。

短短十几年过去了，谁能料到，当年那个毕业于杭州师范学院外语系、曾是英语教师、不到35岁、个子不高的"菜鸟"，如今却能成为世界企业巨人、中国"互联网之父"、福布斯中国富豪榜的首富！那个曾名不见经传的小公司，已发展成为中国最大的电子商务"航母"、全球互联网的巨头！

总结"阿里巴巴"的创富"神话"和创业之路，经验可能千万条，但根本的必有一条：创新、创新、再创新。可以说，"阿里巴巴"的创新之路能走多远，它创造的财富"神话"就能持续多久。在为"阿里巴巴"点赞的同时，今天的济南要想再创辉煌、再谋新篇，同样必不可少的是：进一步解放思想，大胆开拓创新。只要留心就不难发现，"创新"一词是市委主要领导在不同场合经常提到的一个"热词"：

3月31日，履新第四天，首站到高新区调研时强调，要大胆探索创新，进一步破除体制机制障碍，实现新的更大发展。

4月1日，到历下区调研时强调，要积极探索创新，努力打造代表济南形象的标志性区域。

4月17日，在主持召开城市建设管理专题调研座谈会时指出，要创新城市规划理念，让精明增长成为城市建设的主导战略。

5月25日，到企业调研时强调，面对经济发展新常态，企业要加快转型升级，不断创新发展。

6月8日，在主持召开招商引资工作专题汇报会议时强调，要解放思想、创新思路，以改革思维推动招商引资工作取得重大突破。

6月12日，在全市“解放思想大讨论”务虚会上，提出“打造四个中心，建设现代泉城”的目标定位。“四个中心”之一就是区域性科创中心，同时强调要实施创新驱动……

其实，作为齐鲁文化的交汇融合之地，千百年来，济南始终领风气之先。在这座历史文化名城的血脉里，一直流淌着创新的文化基因。同样，济南的改革开放历程也是一个不断解放思想、开拓创新之路。

但是，把济南的发展放到更大范围、更高标准上来审视，不难看出，无论是和省内的部分城市比，还是对照其他副省级城市、省会城市看，在经济社会发展的诸多方面，“短板”还比较突出，甚至可以说，差距不是越来越小而是越拉越大。面对这种不进则退、慢进也是退、稍一松懈就会掉队的严峻局面，只有以坐不住的责任感、等不起的紧迫感、慢不得的危机感，瞄准先进城市、发达地区，奋起直追、弯道超车，济南才会蹄疾步稳，发展得更好一些、更快一些。

抢先一步，领先一路；慢人一拍，被动一轮。济南要力争上游，在落实“四个全面”和“走在前列”的战略部署中，争当排头兵和领头雁，制胜法宝就是要紧紧围绕“打造四个中心，建设现代泉城”的目标定位，用好创新这把“金钥匙”，打造发展升级版。

创新，应以商为先。打通创新、创业、创投、创客的生态链，让创新成为济南的核心竞争优势，关键是把企业的主体作用发挥到极致。与发达城市、先进地区相比，济南之所以在综合实力、发展水平、结构调整、转型升级等方面还有差距，在县域经济、工业经济、园区经济、民营经济、外向型经济等方面还是短板，根本就在于，企业家这个最富创造活力的群体作用发挥得还不够充分，改革开放的理念、创新驱动的理念、市场主导的理念还没有真正深入人心。企业家群体发展壮大了，企业多了、大了、强了，城市才会更富活力、更具魅力、更有实力。要着力打造良好的营商环境，以环境优势、服务优势营造招商优势、发展优势，最大限度地降低创业创新的门槛，用政府的“减法”，激活市场的“加法”，进而放大企业的“倍数”效应，使济南更具“硅谷气质”。

创新，应以民为基。让创新成为城市的主题曲和最强音，民众理应是这一时代大合唱的主角。与“阿里巴巴”起步时的艰难不同，已是“E 时代”“创时代”的今天，“互联网 +”已成为全社会的共识，无限创意和无限商机无不蕴含在“互联网 +”这一宝藏里。民众之中蕴藏着无穷的创新热情和创造智慧。充分认识和积极把握“互联网 +”带来的无限机遇，主动抢占“互联网 +”形成的制高点，大力支持今天的小微企业、草根创客成长为明天的企业航母，把济南打造成“创客之城”“创意之都”，应当成为全市上下共同追求的目标。要始终秉持一个理念：进一步解放思想、开拓创新，积极弘扬百年开埠精神，大力培育创新意识、发展创新文化，着力营造支持改革、鼓励创新、宽容失败、容许试错的浓厚氛围，推动大众创业大胆试，引导万众创新大胆闯，加快建设创新型城市、创新型社会，努力形成科学发展的新动能。

创新，当从政府始。以创新引领未来、谋划发展，政府应当首先做出表率，加快建设创新型、服务型政府，做创新的积极实践者、推动者和引领者。正确处理政府与市场的关系，核心要改的是“官念”、革的是利益，管好政府的“有形之手”，激活市场的“无形之手”，特别是要着力克服与民争利、与企争利的冲动，真正做到“有权而不任性”。要善用创新的思维、方法和理念，破解改革难题，应对发展挑战，以一流的境界、一流的状态、一流的标准、一流的作风争创一流的业绩。这个一流，不只是纵向比，一年要比一年强；更应当横向看，对照先进找差距。当然，创新不是胡来，也不是炒作，更不是蛮干，要不违法、不违纪、不违规，然后大胆试、奋勇闯、扎实干。

创新，当以干为本。登高望远天地宽，真抓实干破浪行。再美的蓝图、再好的设想，没有“实干”这个“1”来引领，后面再多的“0”也没有意义。当前济南已进入加快改革发展的崭新时期，全市上下都应当以“实在、实干、实绩”为导向，进一步提升发展标杆、工作标准、精神境界，解放思想、敢于担当、奋发有为，苦干、实干、拼命干，真干、会干、创新干，让创新为这座美丽的城市插上腾飞的翅膀！

（执笔人：徐先领，摘自 2015 年 7 月 3 日《济南日报》和 2015 年《泉城瞭望》第 6 期）

体制之变，济南突围的制胜之道

季　评

政治路线确定之后，干部是决定因素，体制机制是根本保障。“打造四个中心，建设现代泉城”的“济南梦”能不能早日实现，关键要靠好干部来落实、来执行，靠好制度来引导、来保障。市委十届八次全会后，首当其冲的是，打好制度创新和干部选配这套组合拳，以务实管用的体制机制为改革发展增动力，用坚强有力的干部队伍啃硬骨头、打攻坚战。

扫清路障，方能畅行千里。党的十八大召开后，在十八届三中全会上，党中央紧接着就打响了全面深化改革的发令枪。同样，着力清除体制机制方面的各种障碍、制约和藩篱，应当成为市委十届八次全会后的当头炮、先手棋！

一、城市之惑

媒体报道，济南除了泉城这个美称外，还有个名字叫“串都”。除了春夏秋冬四季外，还有个季节叫“烧烤季”，每年4月到10月，济南人一天至少吃掉7吨羊肉串……

其实不单是济南，全国其他许多城市都面临着这种“成长中的烦恼”：露天烧烤、占道经营、流动摊点、违法违章建设……按下葫芦起来瓢。一群大盖帽，管不了一顶小草帽，管不住一辆小推车，管不好一个井篦子……

对于这些“城市之惑”，在市委十届八次全会上，主要领导一语中的，指出了病因，开出了良方：主要是在管理体制上，存在职能交叉、管理分散的问题，要创新管理体制和工作机制，优化组织架构，强化督查考核，加强干部队伍建设和作风建设，着力推动工作落实。

目前，我市的其他一些重点工作，同样存在着类似问题。比如，招商引资，由两个部门分别负责内资外资；征地拆迁，也是由两个部门分别负责国有土地收储和集体土地征收。再比如，《济南市名泉保护条例》颁布已整10年了，但禁止泉池游泳的问题还是屡禁不止。另外，像项目建设、产业发展、执法监管等，更是九龙治水、各自为政。

于是，“奇葩”应运而生：有好处的时候，一哄而上都来管；有责任的时候，相互推诿都不管。天下熙熙，皆为利来，天下攘攘，皆为利往。大家骨子里争的是利益，推的是责任。这种职能交叉与管理分散并存、服务不到位与监管不得力并存的问题，已经成为制约我市经济社会发展的一大障碍和门槛。

大建设需要大力度，大发展需要大手笔。济南要想“打造四个中心，建设现代泉城”，首先应当在现有工作基础上，把政府自身进一步打造好、建设好。

既然是门槛，拆除了就是门，搬不掉就是槛。必须下决心、出重拳，拆门槛、搬台阶，清除梗阻，打通服务群众、服务企业的关节。其中，关键在于体制机制创新，抓手在于政府流程再造。

二、再造之路

政府流程再造，就是把现代企业管理中的流程再造理念与办法，运用到政府机构改革中。通过对政府部门的职能职责、组织机构、服务流程等进行重组改造，来理顺体制机制，优化服务流程，简化办事程序，强化内部协调，形成决策、执行、监督的高效互动，从而提升工作绩效，提高服务质量，以便更好地满足公众需求，取得公众认可。党的十八大以来实施的新一轮机构改革，某种程度上，可以说，就是根据现阶段我国国情，实施的政府流程再造。

政府流程再造的基本原则是，以市场化改革为导向，以更好更快地满足社会需求为目标，清除不必要的、重复的行政环节，实现“扁平化”管理。一方面简政放权，另一方面放管结合，把分散、重复、相近、相关的流程进行优化组合，透明化运作、高效率运转、低成本运行，着力打造法治政府、廉洁政府、创新型政府、服务型政府。政府流程再造的基本路径是，观念再造—职能重塑—结构重组—流程重建—考核重设—严格问责。

其实，包括美、英、澳在内的许多发达国家，早在上世纪八九十年代，就已实施了被称为新公共管理运动的政府流程再造。目前，不只是国外，就连国内的许多企业，都已把流程再造当作了一项常态化的工作，不断向改革创新要红利。

在科技革命不断加快，经济全球化、一体化加速推进，公众需求日趋全方位、立体化、多样化、品质化的大形势下，不管是企业还是政府，实施流程再造，实际上都是多种因素综合“发酵”，倒逼产生的结果。反过来，又进一步推动了经济、社会、文化、科技的全面变革与发展。在“互联网＋”蓬勃发展的今天，世界正在加速变“平”。尤其是新常态下，实施政府流程再造，是大势所趋、势所必然。

三、外地之经

这方面，许多城市同济南一样，都在不断实践探索，积极改革创新。

——天津市，在充分简政放权的基础上，把32个部门的187项行政审批权，收归到新成立的行政审批局，“一个图章管审批”。实行车间式、流水线审批后，原来需要跑一两年的，现在一两个月就能办妥。这项改革，从滨海新区试点，去年5月，已推广到其他15个县区。此外，天津还把办事大厅搬到了网上，实行线上登记申报，线上审批审核。去年9月，国务院总理李克强到滨海新区调研时称赞，这是“真正的重大改革”。目前，广东佛山、湖北武汉等地，也都在试点组建行政审批局。

——深圳市，从2010年8月，就启动了投资项目审批制度改革，不断对审批业务流程进行优化再造。到去年底，16个部门215项事项，已经实现了协同化办理、集成化运作，有效解决了“公章四面围城、公函长途旅行”的问题。同时，连带的其他非审批问题，像部门之间画地为牢，大量事项需要市领导协调等，也都迎刃而解。近日，深圳市在第六次党代会召开后，又明确提出，要把转变政府职能作为改革攻坚的突破口，不管多么困难，都要勇于革自己的命，都要集中精力大胆往前推。据悉，深圳市还将出台进一步加快政府职能转变、推进市场化改革的实施方案，明确加快转变职能的路线图和进度表。

——哈尔滨市，从去年6月开始，全部取消了市级自设的57项行政审批事项，拆除了所有自设门槛，在全国有立法权的城市中，率先实现了自设审批事项的“清零”。同时，还把企业向工商、质监、国税、地税、统计5个部门申报的17套30张表格简化成“一张表”，一下子取消了审批前置要件35项，企业有关证照“立等可取”。

——包头市，以简政放权为核心，深化行政审批制度改革，在精简审批事项、优化服务流程、压缩审批时限、推进工商注册便利化等方面，采取了一系列改革措施，努力管住政府这只“闲不住的手”，有效释放了市场活力，推动了政府管理创新。工业投资项目审批，原来需要360个工作日的，现在只需要29个工作日；办理临时身份证，原来需要3天的，现在5分钟就能新鲜“出炉”……

前台一个窗口搞审批，后台一群部门来服务。这就像一枚硬币的两面，表面上对立，实际上统一。简政放权是用政府的减法，激活市场的乘法。“集权”审批，放管结合，则釜底抽薪，切断了部门之间争权夺利、争功诿过的源头，提高了办事效率、服务质量，加大了执法监管力度，从根本上解决了“有了好处都来管、有了责任都不管”的问题。

别的地方早已非常成熟、完全可复制的经验，为什么不能拿来为我所用，甚至比着葫芦画瓢呢？

四、济南之新

学人之长，创己之新。济南要想弯道超车、跨越发展，也应当像深圳、天津等地那样，在思想大解放的基础上，进行一场深刻的自我革命，通过“济南再造”，再造一个新泉城！

没有金刚钻，揽不了瓷器活。科学的管理体制、规范的运行机制，是高效推进工作落实的根本所在。在市委十届八次全会上，主要领导提出的理顺管理体制和工作机制，实质上就是实施政府流程再造。

在政府流程再造方面，核心要突出一条主线，解决一个问题，坚持两个原则，抓好四个关键。一条主线，就是要围绕适应市场经济发展，转变政府职能，理顺体制机制，走市场化改革的路子。一个问题，就是要坚持问题导向，着力从根本上解决职、权、利、责不统一，职能交叉、职责不清、监管和服务都不到位的问题。两个原则，就是要坚持有利、有力两大原则，凡事都从对工作有利、于落实有力的角度来考虑。四个关键，就是要明确职责职能、选好配强班子、强化督查考核、严格落实奖惩。

在职责职能方面，凡是一个部门能干的，就明确由这个部门去干；一个部门干不了的，需要两个或两个以上部门配合的，就明确一个部门来牵头；如果明确不了的，就指定一个部门来负责。

政治路线确定之后，干部是决定因素。事业兴衰，惟在得人。崇贤尚实，万事可成。要严格按照“实在、实干、实绩”用人标准，大力提拔和使用改革创新的实干家、促进派、力行者，让能者上、庸者下、劣者汰，使想干事的有机会，能干事的有舞台，干成事的有奖励，不干事的受惩处，真正把广大干部的积极性、主动性、创造性充分调动起来、汇集起来，凝聚成强大的正能量。

考核是风向标和指挥棒，用好了调动一大片，用不好挫伤一大片。考核代表了一种旗帜、一种标杆、一种导向，表明赞成什么、反对什么。要紧紧围绕“打造四个中心，建设现代泉城”的目标，健全完善考核机制。千斤重担众人挑，人人肩上有指标。万众划桨开大船，众人拾柴火焰高。考核要制订具体的目标任务，更要层层分解落实，层层传导压力，把方方面面的力量全部调动起来、资源全部整合起来，以“全民战”打“攻坚战”。

奖惩不兑现，没人愿意干。说一千，道一万，严格奖惩是关键。军中无戏言。签了责任状，就等于立了军令状。目标考核应与干部考核紧密结合起来，落实到单位，具体到人头。要事前明责，事中负责，事后问责。没有问责，就没有担责；没有担责，就没有负责；没有负责，是因为没有明责。干与不干一个样、干多干少一个样、干好干孬一个样，最后的结果就是，工作越来越不像个样。

具体来说，在管理创新、制度创新方面，如果实在不能像天津等市那样一步到位，但至少可以先从招商引资、项目建设、征地拆迁、棚改旧改等重点工作入手，把内资与外资招商，国有土地收储与集体土地征收等行政资源整合起来，理顺体制机制，实施流程再造，制定权力清单和责任清单，明确职能边界和职责边界，真督实查，真考实核，重奖严惩，狠抓落实，从根本上解决好“表扬找不到人、打板子找不着屁股”的问题，形成优质的营商环境、良好的政治生态、浓厚的发展氛围。这样，既有利于明确责任，也有利于集中力量办大事、办成事，可以说，这与我市提出的改革推动、创新驱动和聚焦战略，都是相吻合的，也是相一致的；并且，本身就是机构改革的进一步深化，就是在深入落实“全面深化改革”。

体制一变，动能无限。当前和今后一个时期，济南的发展方向已明，目标已定，下一步的关键是，怎样抓紧落到实处、尽快见到实效！其中的牛鼻子就是，让体制跟着发展走，让机制跟着工作走，用体制机制的脱胎换骨，把济南打造成投资的洼地、创业的福地、发展的高地。

（执笔人：徐先领，摘自 2015 年《泉城瞭望》第 7 期）

用实在实干求实绩实效

季　评

“打造四个中心，建设现代泉城”——市委十届八次全会确立了当前和今后一个时期济南发展的总体思路，绘制了济南发展的美好蓝图，开启了济南大建设、大改革、大发展的新征程。

正确的政治路线确定之后，干部就是决定性的因素。把“四个中心”、现代泉城由蓝图变为现实，关键在党，关键在人，关键在干部，最终靠党员干部用实在实干求得实绩实效。

“实在、实干、实绩”是市委着眼“三严三实”，对全市党员干部提出的新导向、新要求。4 月 20 日，市委主要领导在干部队伍建设和作风建设专题调研座谈会上，首次提出要以“四看一听”的选任机制使用好干部，真正树立起“实在、实干、实绩”的选人用人导向，激励更多的干部干事创业、造福人民。之后，多次强调要树立“实在、实干、实绩”的用人导向，把想干事、能干事、干成事的干部选出来、用起来。

对市委来说，“实在、实干、实绩”是选人用人导向；对党员干部而言，“实在、实干、实绩”是做人干事准则。“实在”就是忠诚老实、言行一致、表里如一；“实干”就是办实事、求实效，脚踏实地、真抓实干；“实绩”就是努力创造经得起实践、人民和历史检验的一流工作业绩。“实在、实干、实绩”是一个有机的整体，相互联系，相辅相成，体现了做人、做事、成效的有机统一。对党员干部来说，只有做到“实在、实干”，才能结出“实绩”之果，取得“实效”之功。用实在实干求实绩实效，就要做老实人，不当“两面人”。“大人不华，君子务实”。我们党历来要求党员干部要老老实实做人。在延安时期，毛泽东就明确提出全党同志要“当老实人，说老实话，做老实事”。周恩来说过：“世界上最聪明的人是最老实的人，因为只有老实人才能经得起事实和历史的考验。”做老实人，老实做人，是共产党员先进性的内在要求，也是党员干部良好官德的外在表现。

做老实人就是要忠诚老实，补精神之“钙”，固思想之元，坚定理想信念，与党中央始终在政治上同心、思想上同一、行动上同步；对待上级讲真话、说实情，既报喜也报忧，不弄虚作假、欺上瞒下；对待群众掏出真心，拿出诚心，付出耐心，服务尽心，不敷衍塞责、推而远之；对待同志真诚相待、坦诚相见，襟怀坦白、公道正派，不能当面不说、背后乱说。就是要言行一致，说的和做的一个样，言必行、行必果，以行动验证表态、用实践兑现承诺，绝不能言行不一、口是心非。就是要表里如一，台上台下一个样，人前人后一个样，八小时内外一个样，进不失廉，退不失行，在阳光下工作，在自律中生活，用实实在在的为人践行对党和人民的庄严承诺，彰显人民公仆的道德风范。要“两面派”、当“两面人”，累的是自己，骗的是组织，害的是事业，最终也必然没有好下场。

用实在实干求实绩实效，就要做实干家，不当“空谈客”。“空谈误国，实干兴邦”。实干是一种追求，一种精神，一种责任，一种品质。只有干在实处，才能走在前列。唐代三朝宰相姚崇，为大唐盛世鞠躬尽瘁，做出了重要贡献，临死前有人问他为政“秘诀”，他只讲了“崇实充实”四个字，意思是要“崇尚实干、充实国库”。

世上的事情都是干出来的，不是说出来的。在我市干部队伍中，做“空谈客”、当“太平官”的现象屡见不鲜：有的把决策部署当口号喊，讲空话、干虚活，“光打雷不下雨”，不真干；有的以“省会老大”自居，满足于已有成绩，“沉醉不知归路”，进取精神减退，不想干；有的面对改革发展中的“硬骨头”，畏首畏尾，怕这怕那，不敢干；有的抱怨规矩多了、要求严了，把不出事当目标，为官不为，不愿干；有的面对新情况新问题，老办法不管用，新办法不会用，手足无措，不会干。

“道虽迩，不行不至；事虽小，不为不成”，美好蓝图无法自动实现。形势任务呼唤我们必须争做实干家、拒当空谈客，紧紧咬住“打造四个中心，建设现代泉城”不放松，坚持“实”字当头、“干”字为先，大力发扬“钉钉子”精神和“马上就办”的作风，脚踏实地地干，锲而不舍地干，兢兢业业地干，高质高效地干，在实干中解决问题，在实干中实现目标，在实干中创造实绩。

用实在实干求实绩实效，就要做担当者，不当“避事佬”。担当体现党性，担当反映品行，担当关乎事业。有多大担当才能干多大事业，尽多大责任才会有多大成就。“百姓谁不爱好官？把泪焦桐成雨”。焦裕禄面对兰考自然灾害的肆虐和贫困落后的实际，不畏难、不退缩，一开始就立志“拼上老命大干一场，决心改变兰考面貌”，走到哪里，就把在“困难面前逞英雄”的担当精神带到哪里。东山县委书记谷文昌以“不治服风沙，就让风沙把我埋掉”的胆魄，苦战风沙十余载，打破了“神仙也难治”的魔咒，把人间荒漠变成了绿洲。

对照这些先进典型，我市少数党员干部却不负责任、不敢担当、不愿作为：有的遇事“难”字当头，遇难“退”字当先，碰到矛盾和问题要么东闪西躲，要么“击鼓传花”，甘当“逍遥官”；有的拈轻怕重、挑肥拣瘦，只想捞好处不想下气力，抢着做易出政绩的事情，不愿做艰苦细致的工作，遇到事情找借口，出了问题找托词，甘当“滑头官”；有的敷衍塞责、虚于应付，拖拖拉拉、推诿扯皮，甘当“避事佬”。党员干部都有一定职务，有职就有责，有责就要担当。如果只想当官不想干事、只想揽权不想担责、只想出彩不想出力，怎么对得起公职的“公”字、干部的“干”字？

干事是干部的天职，担当是干部的使命。干部必须干事，在位必须作为。面对“打造四个中心，建设现代泉城”重任，各级党员干部都要把使命担在肩上，将责任牢记心中，拿出“为官避事平生耻”的骨气，拿出“明知山有虎、偏向虎山行”的勇气，拿出“敢教日月换新天”的豪气，对分内之事忠于职守，对困难之事勇于攻坚，对棘手之事善于解决，对突发之事敢于挺身，舍得付出，舍得吃苦，舍得奉献，主动扛起推动省会改革发展稳定的责任担当，在负责、尽责、担责中破解难题、抢抓机遇、加快发展。

责任是担起来的，发展是干出来的，赶超是拼出来的。一个人能走多远，不仅取决于他的双脚，更取决于他的志向。用实在实干求实绩实效，就是要追求一流的实绩、一流的实效。这就要求各级党员干部必须进一步解放思想、提升境界，敢为人先、大胆尝试，善于领先一步、棋高一着，任何事情都坚持高标准、高质量、高效率，任何工作都干一流、创一流、争一流，努力使省会发展得更好一些、更快一些。

“金杯银杯不如群众的口碑”。人民对美好生活的向往是我们的奋斗目标。各级党员干部要牢记党的宗旨，视群众为“家人”，视民生为“家事”，民有所呼、我有所应，民有所需、我有所为，察民情、重民意、解民忧，把脚印留在基层，把口碑立在民心，用自己实在、实干的行动让群众的生活越来越美好，用自己工作的实绩、实效让泉城越来越美丽。

（执笔人：杨清波，摘自2015年8月27日《济南日报》和2015年《泉城瞭望》第7期）

如何建设好“现代泉城”

季　评

什么样的泉城最美丽？

正所谓“一千个人的心目中有一千个哈姆雷特”，不同的历史时期、不同的社会人群，会有不同的理解和图景，寄托时代期望，深打时代烙印，诠释时代内涵。

历史上，人们心目中泉城的美好，是唐朝诗人李贺《梦天》中的“遥望齐州九点烟，一泓海水杯中泻”，是清代书法家铁保笔下的“四面荷花三面柳，一城山色半城湖”，是刘鹗《老残游记》所描述的“家家泉水，户户垂杨”……

纵览古今，对于济南之美，文人骚客素来不吝啬笔墨，可能，这就如老舍在《济南的冬天》里所“断言”——“济南真得算个宝地”。

建筑大师吴良镛也曾感慨：济南有山、有水，城、山、泉、湖融为一体，世界独一无二。

什么样的泉城才是现代泉城？

正所谓“横看成岭侧成峰，远近高低各不同”，当下人们对“现代泉城”的印记，自然也有着不同理解和认知，不管是片面还是全面、浅显还是深刻，乃至科学还是谬误。

泉城之现代，在于山水之美，在于人文、生活等环境之改善，在于城市建设与管理之优化，在于幸福与宜居之体验……

对城市居民而言，现代泉城的概念不深奥、不模糊，也不抽象，而是具体实在，触手可及，人们能无时无刻感受并享受着泉城之现代的“庇荫”。

我们不妨展开想象的翅膀，去描绘人们心目中现代泉城的图景。

——建设现代泉城，是实现“中国梦”的有机组成。泉城人的“梦”之一，就是率先实现“小康社会”，让广大市民生活富足、幸福美满；就是营造亲商、安商、为商、富商的良好氛围，为“大众创业、万众创新”搭建良好支撑平台，为济南经济发展持续注入新鲜血液；就是坚守社会公平与正义，信仰法律和规矩，依法办事，依法行政，让道德文明之花盛开，让社会和谐、平安。

——建设现代泉城，就是让泉水持续喷涌、“七十二名泉”胜景再现，让各种排污口不漏脏水，让护城河、小清河里的水清澈、鱼虾畅游、两岸绿树如荫，让大明湖碧波荡漾、荷叶田田、游船点点；就是让广大市民每天能看到蓝蓝的天、白白的云，每天能呼吸清新的空气、沐浴在阳光之下；就是每天出行畅通无阻，不管是驾私家车还是乘坐公交，是骑车还是步行，无论走到哪儿，都很少有“堵点”。

——建设现代泉城，就是让广大市民“住得起房、看得起病、上得起学”，且能老有所养；就是让广大进城务工者尽可能地享有“市民待遇”，让形形色色的歧视性规定消失得无影无踪；就是让更多的人充分就业，有“体面的工作”、干得“有尊严”……

这不是抒情，也不是诉求，更不是奢望。因为泉水清澈、天空碧蓝、空气清新，原本就是大自然的赐予；因为社会坚守公平与正义、信仰法律，原本就是人类的共同追求；因为让更多的人分享改革发展的成果、更有尊严地工作和生活，原本就是执政为民的价值指向。不管对泉城赋予什么样的时代内涵，建设现代泉城是我们能够、也应担当和秉承的历史使命。

多年来，我市与时俱进，在改革开放中，经济社会发展日新月异。纵向比，我们比以前进步了；但横向比，和南方等发达省会城市相比，或是和省内的兄弟城市相比，我们某些经济发展指标也差强人意，省会城市的“首位度”未能充分凸显。

尤其是，近几年来与民生息息相关、关乎市民幸福指数的几个问题，则与建设美丽济南现代泉城格格不入、南辕北辙，市民吐嘈不止、诟病不已，其典型，每一个市民几乎都可以凭感觉说出个一二三。如城市管理顽疾依旧，露天烧烤顽症久治不愈，护城河游泳屡禁不止，渣土车的马路疯狂时而上演，建筑工地扬尘再起，秸秆焚烧死灰复燃。如雾霾频袭，泉城三番五次“荣登”全国污染严重城市排行榜“前十名”。如济南路堵，也让泉城人心头添堵。有数据显示，济南已“跻身”于全国最堵城市的行列……凡此种种，不管你是否愿意承认，摆在面前、需要直面的，就是生于斯、长于斯的市民们的切身感受。

当然，泼脏水不能泼掉孩子，历数我市发展中的矛盾和问题，其意图并非因噎废食、一叶障目，误读为抹黑过去，看不到未来发展的美好前景；而是能让我们保持清醒的头脑和认知，一分为二地看待过去发展中的进步与不足，百尺竿头，怀揣信心，只争朝夕地去努力赶超、再赶超。

那么，如何建设现代泉城呢？其实目标并不远大，愿景也不遥远，但前提是，不管你是普通市民还是党政干部，都应该勇于担当、积极有为，扮演好不同的角色。作为普通市民，就应该遵纪守法，做一名有道德的文明人。比如说，你乘车要排队，过马路不闯红灯，不随地吐痰，说话讲文明，呵护泉水，能够见义勇为、助人为乐……如此，泉城便是一座文明的、充满大爱的城市。作为一名公职人员，就应该廉洁奉公，秉公执法，情为民系，执政为民；就要做到权力不闲置、不越位，为民办事主动热忱，不推诿扯皮、不刁蛮刁难、不吃卡拿要……如此，行政才能高效，办事才能顺畅，发展环境才算优化，干群关系才能和谐，民怨才不会发酵。所有这些，何尝不是现代泉城的一个标志？

今年，市委十届八次全体会议乘着解放思想、改革创新的东风，立足全省和全国的维度，在集思广益的基础上，用大手笔绘就一张蓝图，确定了当前和今后一段时期济南发展的定位和目标，即“打造四个中心，建设现代泉城”——打造全国重要的区域性经济中心、金融中心、物流中心、科技创新中心，建设与山东经济文化强省相适应的现代泉城。

正确的政治路线确定之后，干部就是决定性的因素。“打造四个中心，建设现代泉城”，需要什么样的干部？对此，市主要领导一再强调六个字“实在、实干、实绩”。“实在”就是忠诚老实、言行一致、表里如一；“实干”就是办实事、求实效，脚踏实地、真抓实干；“实绩”就是努力创造经得起实践、人民和历史检验的一流工作业绩。如何建设现代泉城？市委市政府绘就的蓝图摆在这里，广大市民的愿望与诉求呈现在这里，我们不缺心动，只缺行动。全市广大党员干部只有解放思想，认真践行“三严三实”，坚持民生优先的执政理念，牢固树立改革和创新思维，敢为人先，勇于探索，在创新中找办法、求突破，自觉把济南放在全省、全国和全世界“三个维度”中评价和审视，找准定位，摆正位置，增强跨越赶超的紧迫感、责任感，然后再加上实在、实干，干出更多实实在在的实绩，才能把现代泉城的远景变成近景、蓝图变为现实。

（执笔人：惠铭生，摘自 2015 年 10 月 13 日《济南日报》和 2015 年《泉城瞭望》第 8 期）

好作风也是生产力

季　评

干部决定事业成败，作风关乎地方发展。实践表明，凡是干部队伍作风过硬的地方，发展相对就快一些、顺利一些；而干部作风懒散的地方，发展就慢一些、曲折一些。其中蕴含的道理就是：好作风也是生产力！

“苏区干部好作风，自带干粮去办公；日着草鞋干革命，夜打灯笼访贫农。”这是当年苏区党员干部好作风的生动写照。

在20世纪30年代严酷的革命斗争中，苏区广大党员干部严守群众纪律、关心群众生活、注意工作方法、密切联系群众，赢得了群众的爱戴和拥护。

时代变了，党对党员干部好作风的要求始终未变；形势变了，群众呼唤党员干部好作风的期盼始终未变……

生产力是人和物相结合而形成的改造自然和社会的能力，而作风直接影响人的精神面貌和工作状态，影响着人的作用的发挥。作风好，工作就实，效率就高，人的主动性和创造性能充分发挥，必然创造条件、促进发展；作风不好，工作就虚，效率就低，人的积极性和创造性发挥不明显，必然贻误机遇、阻碍发展。

市委十届八次全会确立了“打造四个中心，建设现代泉城”的目标定位，站位高远，鼓舞人心。但是，再好的思路，再高的目标，如果没有党员干部以好的作风团结带领全市广大群众埋头苦干、狠抓落实，一切只能是“空中楼阁”“水月镜花”。

要具有解放思想、锐意创新的好作风。思想是行动的先导，思想作风是作风建设的灵魂。一个人能走多远，不仅取决于他的双脚，也取决于他的志向。一个城市亦然。党员干部思想不解放，思路跟不上，眼界不开阔，境界不提升，“坐井观天”“小富即满”，只求过得去、不求过得硬，不敢试、不敢闯、不敢创，必然发展动力不足、活力不够、速度不快。

有什么样的思想境界，就有什么样的工作标准。思想解放到什么程度，一定意义上决定了能发展到什么程度。思想上的差距是最大的差距，创新上的落后是最大的落后。实践告诉我们：在经济发展新常态下加快发展，就要脑中有全局、心中有大局、手中有布局，善于突破固有思维，破除陈旧观念，坚持“敢”字当头，敢走新路、敢闯新道、敢破难题，在法律法规允许的范围内，凡是有利于济南经济社会发展的，凡是能为群众带来福祉的，都要大胆试、大胆闯，以思想的大解放、境界的大提升促进省会的大变化、大发展。

要具有敢于担当、真抓实干的好作风。担当体现党性，担当反映品行，担当关乎发展。一个党员干部，心中有多少责任，肩上有多少担当，决定了人生有多大作为。面对打造“四个中心”的重任，如何事不避难、知难而进？面对经济下行的压力，如何统筹稳增长与调结构？面对改革路上的“拦路虎”，如何清障打“虎”，奋勇前行？面对群众改善民生的期待，怎样真切提高群众的“获得感”？面对“呼吸的痛”，靠什么驱走雾霾，唤回蓝天白云、繁星闪烁……唯有“担当”二字，唯有“实干”一途。

现实中，有的党员干部却不求有功、但求无过，只想当官、不想干事；有的怕苦怕累、推诿扯皮，只想揽权、不想担责；有的遇到事情找借口、出了问题找托词，只想出彩、不想出力。

“为官避事平生耻。”职务就是职责，职责就要担当。在其位，不谋其政，该管的不管，该抓的不抓，是最大的失职。位不在高，有为则名；权不在大，尽责则灵。作为党员干部，就要像谷文昌那样，拿出“担当生前事、何惧身后评”的精神，拿出“不治服风沙就让风沙把我埋掉”的胆魄，拿出“喊破嗓子不如干出样子”的干劲，把使命担在肩上，将责任牢记心中，用行动写在大地上，遇到事情不推诿，碰到困难不躲避，干事不作势，务实不作秀，想干、会干、快干、实干，尽心、尽力、尽职、尽责，以敢于担当、真抓真干的好作风书写济南加快发展的新篇章。

要具有心系百姓、勤勉服务的好作风。河南省内乡县衙三省堂前有一副楹联："得一官不荣，失一官不辱，勿道一官无用，地方全靠一官；穿百姓之衣，吃百姓之饭，莫以百姓可欺，自己也是百姓。"它深刻地揭示了官与民的关系。

全心全意为人民服务是党的根本宗旨。党员干部最大的追求是让百姓过上幸福的生活。县委书记的好榜样焦裕禄，"心中装着全体人民，唯独没有他自己"，以对群众无限的爱与忠诚铸就了精神上的永恒；草鞋书记杨善洲，"捧着一颗心来，不带半根草去"，用生命为大凉山撑起一片绿野；一心为民的好县长高德荣，把"不忘根、不忘本"作为人生信条，长期坚守在条件艰苦的独龙江畔，一心扑在群众脱贫致富上。"心无百姓莫为官。"对党员干部来说，心里没有百姓，就是忘本；对百姓的疾苦漠不关心，就是变质；滥用手中的权力欺压百姓，就是背叛。我们各级党员干部都要像焦裕禄、杨善洲、高德荣那样，把党的宗旨烙在"心"中，把人民放在最高位置，牢记自己是人民的公仆而不是主人，是人民的勤务员而不是"父母官"，以百姓之心为心，以百姓之事为事，少说"不能办"，多想"怎么办"，千方百计为群众谋利益，饱含深情为群众办实事，不遗余力为群众解忧愁，"绿我涓滴，会它千顷澄碧"，以亲民、爱民、为民的好作风赢得人民的信任和支持，坚决防止门难进、脸难看、事难办，坚决防止口号响当当、服务冷冰冰、办事慢腾腾。

要具有清正廉洁、公道正派的好作风。"政者，正也。"党员干部严于律己、清白做人，身正行直、公道办事，才能把我市的好政风树起来，把好民风带起来，把优良的发展环境营造起来。

被康熙誉为"天下清官第一"的张伯行，历任福建巡抚、江苏巡抚、礼部尚书，为谢绝各方馈赠，专门写了一篇《却赠檄文》："一丝一粒，我之名节；一厘一毫，民之脂膏。宽一分，民受赐不止一分；取一文，我为人不值一文。谁云交际之常，廉耻实伤；倘非不义之财，此物何来?"那些送礼者见此犀利檄文，不敢自讨没趣，便悄然离去。这篇檄文体现了廉洁奉公的做人原则与道德操守，被人赞为为政清廉的"金绳铁矩"。

目前，群众对不正之风反映最强烈，对腐败最痛恨，对改进作风要求最迫切。"不奋发，则心日颓靡；不检束，则心日恣肆。"全市党员干部要把清廉当作"宝"，认清欲望的背后是陷阱，明白贪婪的尽头是毁灭，"心有所畏、言有所戒、行有所止"，坚持公私分明、克己奉公，坚持崇廉拒腐、干净做事，坚持遵规守纪、自警自律，坚持尚俭戒奢、艰苦奋斗，以两袖清风树一身正气，以自身清正树社会公正。

作风是旗帜，是方向，是形象；好作风是凝聚力，是战斗力，也是生产力。每一名党员干部都要把好作风转化为谋发展的实劲、敢争先的闯劲、不懈怠的干劲，把好作风体现到加快发展、促进改革、改善民生的实效上，争当打造“四个中心”的先锋官，争当建设现代泉城的好干部。

（执笔人：杨清波，摘自2015年11月11日《济南日报》封2和2015年《泉城瞭望》第9期）

以人民幸福的名义起航

季　评

2016 年的阳光洒满大地，古城济南又一次站在了新的发展起点上。新的一年，既是贯彻落实党的十八届五中全会精神、实施“十三五”规划的开局之年，也是我市“打造四个中心，建设现代泉城”的破题、起势之年。新形势呼唤新发展，新任务期待新作为。改革发展的出发点和落脚点始终是促进社会公平正义、增进人民福祉。新的一年，让我们以人民幸福的名义起航，敢于担当、克难攻坚、共历风雨，加快“四个中心”建设，提速“现代泉城”进程，以卓有成效的实际行动赢得率先全面建成小康社会的先机。

新的发展要以新的理念为指引。思想引领行动，理念决定成败。发展理念是战略性、纲领性、引领性的东西，是发展思路、发展方向、发展着力点的集中体现。十八届五中全会强调，实现“十三五”时期发展目标，必须牢固树立创新、协调、绿色、开放、共享的发展理念。创新，是引领发展的第一动力；协调，是持续健康发展的内在要求；绿色，是永续发展的必要条件；开放，是城市繁荣发展的必由之路；共享，是全面建成小康社会的必然结果。

五大新理念对济南来说具有很强的现实针对性，需要我们以高度的思想自觉和行动自觉，将新理念贯穿于经济社会发展各方面和工作全过程。我们在谋划安排工作时，都要围绕贯彻五大发展理念提出思路和措施，坚持用新的发展理念突破发展瓶颈、培植发展优势，为做好各项工作提供科学遵循和有力指导。坚持用五大发展理念催生新业态，以新的理念转变引领发展方式转变，积极对接“中国制造 2025”和“互联网 +”等产业发展战略，推动智能制造产业和“互联网+”新经济形态蓬勃发展，加快产业结构深度调整，抢占创新发展的先机。坚持用五大发展理念激发新动能，加大改革攻坚力度，激发创新创业活力，加快推进有利于实现创新发展、协调发展、绿色发展、开放发展、共享发展的改革，为经济社会发展提供新动能、注入新活力。坚持用五大发展理念凝聚新力量，充分把握五大发展理念的系统性、整体性、协同性，坚持以人民为中心的发展思想，让群众主动支持改革、参与发展，使发展成果更多地惠及广大群众。

以新的理念引领新的发展，必须强力推进“四个中心”建设。“打造四个中心，建设现代泉城”，是济南贯彻落实党的十八届五中全会精神、实施“十三五”经济社会发展规划的生动实践，是在全面建成小康社会进程中走在全省、全国前列的具体化和本地化，是今后一个时期全市经济社会发展的着力点和突破口。“四个中心”是当前济南发展的首要任务，是弥补我市发展差距、破解发展难题的迫切要求，是我市加快转型升级、实现弯道超车的强力引擎。我们必须瞄准目标定位，坚定必胜信心，推动“四个中心”建设尽快取得积极进展，确保一年有势头、两年有看头、三年有突破。

实现新发展，要牢牢扭住三大重点任务不放松。招商引资、项目建设、旧改棚改三项工作，是贯穿“四个中心”建设全过程的重点任务。在刚刚结束的全市经济工作会议上，市委、市政府与各发展主体签订招商引资、项目建设、旧改棚改三项重点工作责任书。各级各部门各方面只有坚定不移地推、一刻也不放松地推，才能取得突破性进展和更大成绩。招商引资是加快发展的关键。我们必须着力在创新招商引资理念、方法和体制机制上下功夫，在推进产业链招商上下功夫，在集中优势力量引进引爆型项目上下功夫，将建立专业机构、整合招商人才形成的体制机制优势充分释放出来，力争取得一批重大招商引资成果。项目建设必须强力突破。我们必须善于打项目攻坚战、持久战，按照目标要求和时间节点，倒排工期、挂图作战，做到“时辰可拖、日期不可拖”，确保如期完成项目建设任务；实施聚焦战略，举全市之力打造中央商务区，健全招商引资和项目开发机制，有针对性地引进大项目、好项目特别是引爆型项目，实现良好开局；畅达的交通为群众所想所系，必须抓住轨道交通全面开工的良机，加快轨道交通各线建设，加快二环快速路及其延长线整体工程建设，确保快速交通体系早日成网。要强力突破旧改棚改。我们鼓励基层敢闯敢试、创新创造，目的就是集中力量抓好一批旧改棚改重点项目，全力以赴突破拆迁瓶颈，以大拆迁促进大投入、大建设、大发展。人民的满心期待，是我们前进的不竭动力。有了群众的鼎力支持，三大重点工作一定能够取得更大突破、更大成绩。

实现新发展，要着力补齐济南的“三个发展短板”。短板存在，发展难长。推进“四个中心”建设，既要推动聚焦发展，又要推动协调发展，很重要的一条是要补齐发展短板。当前，济南存在经济发展、城市发展、社会发展三大短板。经济发展短板限制了发展高度。开放型经济、民营经济、县域经济是我市经济发展的突出短板，补足短板没有捷径可循，必须对症下药、有的放矢。开放不够，就要积极对接“一带一路”战略，抢抓中韩自贸区建设机遇，坚持引进来与走出去相结合，大力发展开放型经济；民营经济不强，就要坚持“放开、平等、善待”原则，研究制定更有针对性、操作性的意见，进一步优化民营经济发展环境，更好激发民营经济活力和创造力；县域经济不强，就要继续实施县域经济差别化扶持政策，加快县域经济特色化发展，实现县域经济实力提升、位次前移。城市发展短板破坏了市民群众的生活舒适度。我们的城市建设有成绩、有亮点，也有遗憾、有不足。人们期待清新的空气、畅达的交通、整洁的环境，我们必须积极回应群众期待，以治霾、治堵、治乱为重点，直面问题、重拳出击，以更加坚韧不拔的毅力、更加科学务实的措施、更加严格长效的机制，推动城市空气质量、交通状况、市容环境不断改善，努力打造生态宜居城市。社会发展短板降低了人民群众的幸福度。民生改善与群众利益息息相关，我们必须不断加强以保障和改善民生为重点的社会建设，从解决人民群众最关心最直接最现实的利益问题入手，加大公共服务供给力度，推动义务教育、就业服务、基本医疗、公共卫生、公共文化和环境保护等基本公共服务实现“全覆盖”。贫穷存在，小康难到，我们必须义不容辞地加强对特定人群特殊困难的帮扶，实施精准扶贫、精准脱贫工程，坚决打赢脱贫攻坚战，与贫困群众一起步入小康社会。

敢于担当，越难越进。2016 年，是大有希望的一年，更是期待突破的一年。自上而下的敢于担当氛围，激励我们冲锋陷阵、敢为人先。跑起来、攻上去、拿下来，让我们一起创造更新更大的成绩，交上一份优秀的发展答卷。

（执笔人：惠铭生，摘自 2016 年 1 月 15 日《济南日报》封 2 和 2015 年《泉城瞭望》第 11 期）

把握时度效　引导新预期

季　评

“记者笔下有财产万千，记者笔下有毁誉忠奸，记者笔下有是非曲直，记者笔下有人命关天。”作为党的政策主张的传播者、时代风云的记录者、社会进步的推动者、公平正义的守望者，全市宣传思想战线要认真学习贯彻习近平总书记在党的新闻舆论工作座谈会上的重要讲话精神，切实承担起“高举旗帜、引领导向，围绕中心、服务大局，团结人民、鼓舞士气，成风化人、凝心聚力，澄清谬误、明辨是非，连接中外、沟通世界”的职责和使命，把政治方向摆在第一位，牢牢坚持党性原则，牢牢坚持马克思主义新闻观，牢牢坚持正确舆论导向，牢牢坚持正面宣传为主，尊重新闻传播规律，创新方法手段，把握时度效，引导新预期，唱响主旋律，提振精气神，传播正能量，不断提高宣传舆论传播力、引导力、影响力、公信力，在“打造四个中心，建设现代泉城”的征程中写下光辉的篇章。

宣传思想工作是党的优良传统、政治优势和历史经验。坚持团结稳定鼓劲、正面宣传为主，是宣传思想工作必须遵循的重要方针。

习近平总书记强调，要把握好时、度、效，增强吸引力和感染力，让群众爱听爱看、产生共鸣，充分发挥正面宣传鼓舞人、激励人的作用。这是对新形势下宣传思想工作精髓和核心的深刻总结，为我们做好宣传思想工作指明了方向。

当今时代，经济体制深刻变革、社会结构深刻变动、利益格局深刻调整、思想观念深刻变化，人们的价值观日趋多元、多样、多变，迫切需要我们把握好宣传思想工作的时、度、效，在多元中立主导，在多样中谋共识，在多变中把方向，抢占意识形态的制高点。

“时”，就是时机、节奏。“文章合为时而著，歌诗合为事而作。”宣传思想工作要把握时代主题，认清时代特征，紧紧围绕党委政府关注、人民群众关心的重点热点难点问题，审时度势、选准时机，第一时间抢先报道，第一落点权威发布，在“正确的时间做正确的事”，做到关键时刻不“失语”、重要关头不“迟语”、敏感问题不“乱语”，牢牢把握舆论引导的主动权和话语权。

“度”，就是力度、分寸。宣传思想工作既不能“火候不到”，也不能“过犹不及”。应充分考虑受众心理，不隐瞒、不夸大、不歪曲，准确把握政治的度、政策的度、热点的度，准确把握宣传报道的深度、广度、厚度，准确把握舆论引导的区间数量和量变质变关系，什么问题在全国报道，什么问题在本地报道，什么问题就报道一次，什么问题跟踪报道，什么问题淡化报道，什么问题强化报道，都注意把握好分寸，保证舆论引导适度而不过度。

“效”，就是效果、实效。宣传思想工作也要“以百姓之心为心”，尊重群众的参与权、知情权，回应群众的期待关切，沉下心、接地气，转作风、改文风，使报道言之有物、言之有理、言之有情，使群众爱听、爱看、爱传，使宣传入耳、入脑、入心，取得最佳效果。

在城市，经常听到年轻人见面这样寒暄：“什么时候买房？什么时候买车？”在农村，老乡见面也常问：“什么时候盖新房？什么时候添个新家电？”尽管问题不尽相同，但答案却十分相似：看工资涨多少？看收入怎么样？其背后透出的是关注“预期”。

“预期”，即“预测与期望”，是影响个体决策和宏观经济的重要变量，对经济社会发展具有重要影响。比如，如果人们预期未来经济要高涨，就可能增加投资；预期未来好找工作，收入要增长，就会扩大消费。千百万个投资者和消费者行为的叠加，就会影响整个经济的发展。而通过新闻媒体的宣传能够促使公众改变态度和想法，引导社会预期。随着新媒体的崛起，新闻媒体的传播力、引导力、影响力大大增强，新闻媒体引导社会预期的能力也在增强。

当前，我市经济发展进入新常态，经济运行稳中有进、稳中向好，但下行压力加大。如何把握时度效，引导新预期，形成社会共识，坚定发展信心，是对全市宣传思想工作的重大考验。

把社会预期引导到落实“五大发展理念”、率先全面建成小康社会上。在党的十八届五中全会上，习近平总书记系统论述了创新、协调、绿色、开放、共享“五大发展理念”，强调实现创新发展、协调发展、绿色发展、开放发展、共享发展。“五大发展理念”是我们党认识把握发展规律的再深化和新飞跃，是我国发展理论的又一次重大创新，是全面建成小康社会的行动指南。全市宣传思想战线要因势而谋、应势而为、顺势而动，深化十八届五中全会精神的宣传，突出“五大发展理念”的宣传，大力阐释创新、协调、绿色、开放、共享发展的重大意义、基本内涵和实践要求，及时、准确、客观地报道全市贯彻落实“五大发展理念”和率先全面建成小康社会的举措、成效和存在问题，不夸大、不掩盖、不说瞎话，坚定目标自信、路径自信、优势自信，引导全市人民自觉以新的发展理念引领新的发展行动，形成全市上下心往一处想、劲往一处使、全力奔小康的大好局面。

把社会预期引导到正确认识、适应、引领新常态上来。当前和今后一个时期，我市经济发展的显著特征就是进入新常态。这是经济向形态更高级、分工更优化、结构更合理的阶段演进的必经过程。要牢牢把握正确导向，更加注重新常态下的经济宣传，更加注重“解人之疑惑、化人之心结”，深刻阐释新常态下怎么看、怎么办，深刻阐释加快推进供给侧结构性改革的政策措施和重点任务，引导人们观念上“适应”，认识上“到位”，方法上“对路”，工作上“得力”，帮助人们更好地认识新常态、适应新常态、引领新常态，牢牢把握好经济发展新常态这个大逻辑，准确把握新常态下速度换挡、结构优化、动力转换的新特征新变化，更好推进供给侧结构性改革，更好汇聚发挥全市人民的智慧和力量，把创新作为引领发展的第一动力，培育发展新动能，改造提升传统动能，促进经济变中求新、新中求进、进中突破，推动经济保持中高速增长、迈向中高端水平，实现“十三五”良好开局。

把社会预期引导到“打造四个中心，建设现代泉城”上来。打造“四个中心”，是推动跨越发展、实现济南梦想的迫切要求，是济南加快转型升级、实现弯道超车的强力引擎，是我市在全面建成小康社会进程中走在全省前列的具体化措施，是当前和今后一个时期济南发展的首要任务。今年是“四个中心”建设的破题起势之年，全市宣传思想战线要主动对标“四个中心”建设，心中有思考，胸中有全局，找准角色定位，加强资源整合，精心谋划、精心组织、精心采编，深入基层、深入一线、深入群众，大力宣传各级各部门推进“四个中心”建设的新举措新进展新成效，以美好灿烂的前景汇聚人心、提振精神，为“打造四个中心，建设现代泉城”营造良好舆论环境。

（执笔人：杨清波，摘自2016年3月3日《济南日报》封2和2016年《泉城瞭望》第1期）

为“啄木鸟行动”点赞

季 评

一

森林郁郁葱葱，枝繁叶茂，有一个“功臣”功不可没，那就是啄木鸟。它是森林卫士，用其坚硬且锋利的喙啄出害虫，守护森林。

在济南，也需要这样一个群体，他们有媒体人，有社会各界热心人士，当然也包括行政执法监管者，他们怀揣一颗正义之心，守护一方蓝天白云，让全市形形色色、大大小小的污染源无处遁形，然后予以曝光并惩戒——这就是风靡泉城、广受社会关注的“啄木鸟行动”。

二

最近几年，不少外地人到济南旅游、访亲和投资时，都会感喟一番：“济南啥都好，就有一点不好，空气太脏，雾霾太重。”

“济南啥都好!”此番评价切中肯綮。济南，是历史名城，文化底蕴深厚，民风淳朴，乐善好施，而且风景独具，“四面荷花三面柳，一城山色半城湖”。连建筑大师吴良镛先生都曾感慨：“济南有山、有水，城、山、泉、湖融为一体，世界独一无二。”

当下，济南有一个不好，我们也不必掩耳盗铃，加以避讳，就是雾霾频袭，空气糟糕。

以 2015 年为例。全年 12 个月，除 2 月，今年的其他 11 个月，济南的空气质量排名一直徘徊在空气质量较差的后10个城市中，有些月份进了倒数前三，甚至“高居”榜首。

发展的目的是什么？是为了人！人们期望的，是富足，更是安康。但是，面对频袭的雾霾，面对灰蒙蒙的城市天际线，人们呼吸着脏乎乎的空气，在焦虑和恐惧中，幸福的生活恐怕无处寻找。

“作为省会中心城市，环境问题不解决，济南无法真正实现发展。”一位知名学者曾如是断言。

雾霾已成为广大市民的“心肺之患”，同时也让城市形象蒙垢，削弱城市软实力，甚至阻遏着城市的快速发展。雾霾，会吓跑外来旅游者和投资者，“因霾移民”也绝非危言耸听。

济南的“气质”不能再脏下去了！否则，市民难以容忍，市委、市政府更不会无动于衷。向雾霾宣战、掰腕子，济南时不我待，亦无退路。

三

治霾，可以比作一场旷日持久的“战争”：“雾都伦敦治霾历时半个世纪，雾霾的彻底治理非一朝一夕能够解决，需要全社会的齐心协力。”具体到措施上，必须多元化，科学治霾、持续治霾，力度要大，要敢于担当、坚决果断，铁腕治霾。

防霾、治霾，“抓手”在哪？我们有制度措施，也有预期目标。治理空气污染，归根结底是要调整优化产业结构，推动产业转型升级，大力倡导绿色GDP。比如，加快推进东部老工业区搬迁改造及落后产能淘汰行动等。再如，走市场化路子，引“外电”“外热”入济，推动“煤改电”，力争燃煤不再是泉城大气污染“重要元凶”。另外，由一地而一省，治霾注定是“持久战”，2015年省会城市群“1+6”城市大气污染联防联控就开始启动，“抱团”治霾的格局业已形成。目前，省、市《大气污染防治条例（征求意见稿）》也分别出台，依法治霾的态势日渐形成。

反观济南，大气污染不容乐观，若追根溯源、刨根问底，原委可以找出一箩筐。譬如，济南地处小盆地地形，污染物扩散条件较差，易聚集。有些监管部门不到位，或者挂一漏万；有些企业社会责任缺失，管理水平低下等等。其具体表现，如工业废气偷排放；施工现场不围挡、裸体不覆盖，渣土车跑冒滴漏撒，导致扬尘现象严重等。

城市这么大，污染源点多面广，怎么办？城市是人民的城市。大气污染源再多，那也时刻呈现在市民的眼皮底下，无法遮掩或遁形，只有发动群众，利用媒体的力量，来一场全民治霾、共治共享的“战役”，才能清除大大小小的污染源。

去年11月，市委召开常委扩大会议，专题研究部署大气污染防治工作。省委常委、市委书记王文涛在会上明确要求“在全市开展‘啄木鸟行动’，加强媒体监督和环保志愿者监督”，提出“长短结合、以短为主，标本兼治、以治标为主，主客观结合、以主观为主”的工作思路。一场轰轰烈烈的“啄木鸟行动”打响了。

四

“啄木鸟行动”在全市轰轰烈烈地展开。市属新闻媒体迅速贯彻落实会议精神和王文涛书记重要讲话精神，第一时间做出安排部署，抽调精干力量组成“啄木鸟在行动”新闻报道组，全力以赴开展“啄木鸟在行动”。济南报业集团所属《济南日报》《济南时报》开设专栏、专版；舜网、爱济南客户端、“无线济南”手机报等新媒体开设“啄木鸟在行动”专栏专题。

济南广播电视台充分发挥宣传主阵地作用，在两台《济南新闻》《天天说事》《经广新闻网》《今晚·新闻版块》《有么说么新闻大社区》《都市新女报》《直通12345》等主要新闻栏目开辟“啄木鸟在行动”专栏，充分发挥广播电视听觉视觉冲击力强的特点，加大舆论监督和曝光力度，并开展形式多样的公益宣传活动，助推大气污染联防联控工作不断取得新成效。

报道中坚持“曝光不是目的、治病才是初衷”的原则，每日稿件均以“新问题的曝光+老问题的整改”的形式推出，每个问题必追责任主体，每个主体必问整改情况、每个整改必回访证实。

济南日报每天安排记者，全程参加市联合执法检查组24小时监督巡查行动，对曝光问题整改情况进行集中公示，先后推出老石沟村百万立方渣土场裸露扬尘、岳而庄渣土山全裸作业等重磅报道，并紧盯督促以上较大污染源整改，取得了良好的报道效果。济南人民广播电台整合全台记者资源，对山东球墨铸铁、济钢等污染大户进行曝光。《政务监督热线》陆续邀请环保、建委、交警等主要部门上线，现场处理有关问题……

济南市各级各方面都在支持“啄木鸟行动”，鼓励和接受群众监督、舆论监督。几大班子的主要领导同志，多次随机抽取大气污染联防联控点位进行暗访突查。

市民举报，媒体曝光，监管部门问责，市领导督导……形成强大威压态势，倒逼大量的企业重视环保。乱排乱放的现象少了，施工现场的裸土被覆盖了，昔日一度狂奔的渣土车收敛了，蓝天白云的日子多了……“啄木鸟行动”的效果初显。

2015 年 12 月 25 日，王文涛书记带队检查大气污染防治工作时，专门对随行记者说：“今天看的点都是你们‘啄木鸟’反映的线索，我们要力挺‘啄木鸟’，力挺你们。只要是你们‘啄木鸟’反映的线索，我能看的都去现场看。”

五

“泉城蓝”的每次来临，都会让市民们心情敞亮，让全天候战霾的“啄木鸟”们备感欣慰。始自去年 11 月的“啄木鸟行动”，对全市各种大气污染违法违规行为进行持续不断的曝光，督促抓好问题整改，“啄”除了一大批大气污染“害虫”。据统计，今年 1 月我市 PM10 同比改善幅度为 7.8%，改善幅度全省第一。

要把“啄木鸟行动”打造成对行政不作为、乱作为的监督利器，达到一经报道，“各级各方面闻风而动，违法违规者闻风丧胆”的效果。2016 年 3 月 10 日，省委常委、市委书记王文涛到济南日报报业集团、济南广播电台、济南电视台看望慰问“啄木鸟行动”报道组时强调说：“希望市民共同参与‘啄木鸟行动’。因为爱济南，所以热盼‘泉城蓝’。大家都是‘啄木鸟’，我很愿意做济南的‘啄木鸟’。”

在治霾攻坚战中，“啄木鸟行动”充分发挥舆论推动和监督作用，自启动以来发现并解决问题 3000 余个，形成了我市全民动员“防霾治霾、共治共享”的环保大格局。“啄木鸟”这只城市的益鸟，啄出了虫子、找到了病根、解决了问题。事实上，它不仅推动了防霾治霾工作，还推动了相关部门单位改进作风，激发了广大人民群众共同参与城市管理的热情。正如省委常委、市委书记王文涛所强调的，要树立“啄木鸟”的权威，让它不仅是防霾治霾，也是监督行政不作为、乱作为的一把利器。

“啄木鸟”越多，“啄木鸟行动”的效果就会越好。如果700万泉城人民都能身体力行，都来做一只对城市有益的“啄木鸟”，那么我们的城市将会有更多的“泉城蓝”、有更加风清气正、敢于担当的干事创业氛围。所以，今天我们要为“啄木鸟行动”点赞。

（执笔人：惠铭生，摘自2016年4月12日《济南日报》封2和2016年《泉城瞭望》第2期）

实现破题起势要抓住“关键少数”

季　评

为政之要，唯在得人；治国理政，关键在人。十八大以来，习近平总书记在系列讲话中多次强调要抓住“关键少数”。这里的“关键少数”指的是领导干部。抓住“关键少数”不是凭空抓起、空喊口号，必须从实抓起、务求实效。

从济南来看，今年是全市上下齐心协力推动“打造四个中心，建设现代泉城”实现破题起势的重要节点。面对艰巨繁重的改革发展任务，我们必须牢牢抓住“关键少数”，充分发挥各级领导干部的示范带头作用，善于对标定位，勇于冲锋在前，敢于负责担当，带领广大干部群众创新突破、攻坚克难，确保圆满完成“四个中心”建设年度目标任务，开好头、破好题、起好势。

发挥好“关键少数”的作用至关重要。“教者，效也，上为之，下效之。”领导带头就是鲜明的旗帜，上级垂范就是无声的命令。毛泽东同志有句名言：“政治路线确定之后，干部就是决定因素。”民间也有这样的说法：“村看村，户看户，群众看的是干部。”一个决策、一份蓝图，从纸上走下来，成为广大干部群众的行动指南、前进方向和进军路线，离不开各级领导干部的层层率领和推动。作为决策者、管理者和执行者，领导干部这个“关键少数”的重要性可见一斑。在年初的全市经济工作暨“四个中心”建设动员大会上，市委、市政府与市直有关部门签订“四个中心”建设 2016 年度任务责任书，与各县（市）区、高新区签订“三项重点工作”2016 年度任务责任书。责任书就是

“军令状”，责任书就是冲锋号。代表各县（市）区、高新区及市直有关部门签署责任书的，要么是主政一方的主要领导干部，要么是掌管某一领域工作的主要负责同志。敢在“军令状”上写下自己的名字，这些“关键少数”——领导干部宣示的是敢于担当、勇做先锋的态度，许下的是要坚决完成年度目标任务的承诺。开弓没有回头箭。有自上而下的率领、层层传导的压力、环环相扣的责任担当、科学严谨的指标监测，“四个中心”建设及三项重点工作、三大攻坚战就具备了顺利实现破题起势的良好基础。

抓住“关键少数”，要用开放的思想、创新的理念推动工作。“打造四个中心，建设现代泉城”是“四个全面”战略布局和“走在前列”目标定位的具体化、本地化。蓝图的描绘，源自全市广大党员干部打破思想束缚、冲破陈规窠臼的“解放思想大讨论”。人，放宽了视野，眼界一定开阔；人，打破了定式常规，思维一定革新。绘就蓝图如此，干事创业亦如此。在以上率下推动“四个中心”建设的过程中，“关键少数”——领导干部的思想开不开放、思维活不活跃、观念更不更新，决定了蓝图落地的速度、改革推动的深度、敢于担当的硬度、干事创业的热度。在变化日新的今天，如果领导干部还是沿用陈旧的思维、老一套的办法、落伍的手段，反映在工作中就是暮气沉沉、行动迟缓、落实乏力。领导干部思想的老化、行动的无力、反应的迟滞，必将成为某一领域、某一区域工作的绊脚石、阻隔器。因此，解放思想绘就蓝图只是践行“济南梦”路上的第一步。开放的思想、创新的理念必须常伴领导干部左右，以开放、创新为常态，以变革、突破为动力，形成落实推动工作的良好习惯。

抓住“关键少数”，营造敢于担当、敢想敢干、敢闯敢试的良好氛围。发展之路无坦途，攻坚克难看担当。推进“四个中心”建设，面临着许多“拦路虎”“硬骨头”，必须勇于亮剑、敢于担当，“摸着石头过河”，趟出一条新路子。在这个过程中，有可能“摸对”，也有可能“摸错”。路对了，工作有突破，周围有鲜花和掌声；路错了，工作难进展，周围或许会有疑问和迷茫。但也不能“一棍子打死”，从某种意义上来讲，对失败者的抚慰，要比对获胜者的赞美更有意义，更能鼓舞人的斗志。项目建设、招商引资、棚改旧改包括征地拆迁，哪项工作能轻易完成？治霾、治堵、脱贫，哪项攻坚战可轻松获胜？

无不需要领导干部以上率下改革创新、克难攻坚。如果对因改革创新发生的过错缺乏足够的包容，干部一旦出现失误，很可能被误解，甚至被冷落。为此，济南建立“容错”机制，让广大党员干部放心甩开膀子、全心全意地投入到事业中去。只有宽容先行先试的失误、探索试验的失误、推动发展的无意过失，党员干部才能敢想敢干、敢闯敢试，真正把精力、动力和斗志集中到干事创业上，把勇气、担当和毅力集中到最辛苦、最困难、最具挑战性的工作中。

抓住“关键少数”，要牢牢把握“操作”二字。有宏伟的蓝图、明晰的路线、开放的思想、先进的理念、宽松的氛围，干事创业只欠行动。行动考验的是“关键少数”——领导干部的执行力、操作力和攻坚力，实质上是一种“实干精神”。有些工作难以取得进展、难以获得实效，有些难题难以找到办法、难以实现突破，最根本的还是没有把“操作性”挺在前边，“实干精神”落实不了。有的领导干部空有一腔热情，真到具体工作上却成了门外汉，这是操作不专的表现；有的领导干部嘴里先进理念一套一套，真到具体工作上却成了“花把式”，这是操作不实的表现；有的领导干部干工作“雷声大雨点小”，善于造势吹嘘，制造太多的“有望”和“预计”，真正落到实处的却寥寥无几，这是操作不真的表现。推动“四个中心”建设要靠操作，干好三大重点工作、三大攻坚战更要依靠具体操作。在具体操作中，领导干部既要有“专业眼光”，还要有“专业素养”，用专业的办法办好专业的事情；要大力发扬钉钉子精神，项目说哪天开工就要哪天开工，任务说哪天完成就哪天完成，做到“时辰可拖，日期不可改”，用“实在、实绩、实干”来抓好操作和落实。

抓住“关键少数”，要守住“高压线”和“口袋线”。“四个中心”建设是一场声势浩大、战线广阔的战略决战。在这场决战中，“关键少数”——领导干部责任分工明确，把握关键节点，不仅肩上扛着重要的责任，手中还掌握着重要的资源。在带领广大党员干部冲锋陷阵的时候，领导干部不仅要发挥带头示范作用攻城攻坚，还要时刻保持清醒头脑，守住“高压线”和“口袋线”。守住“高压线”，政治上要始终对党忠诚，严守政治纪律和政治规矩；守住“口袋线”，工作上要始终遵纪守法、廉洁从政，努力做到“心不动于微利之诱，目不眩于五色之惑”，让组织放心，让家人安心。干事创业的过程，也是考验领导干部的过程。只有经得住考验的干部，才能成为“政治的明白人”“发展的开路人”“群众的贴心人”“班子的带头人”。

把握住现在，也就把握了未来。在“打造四个中心，建设现代泉城”的征程中，我们要牢牢抓住领导干部这个“关键少数”，鼓励积极作为，激励敢于担当，更好地带领群众干事创业，真正发挥“关键少数”的“关键作用”，推动实现“十三五”良好开局、“四个中心”建设破题起势。

（执笔人：王端鹏，摘自2016年4月26日《济南日报》封2和2016年《泉城瞭望》第3期）

三 / 时论

“创城”继续前行：为桂冠更为民生

晁明春

2月28日，第四届全国文明城市、文明村镇、文明单位评选结果揭晓，我省威海、潍坊、东营3个城市以全国地级城市第1名、第2名和第5名的优异成绩，入选全国文明城市。同时，青岛、烟台、临沂、淄博4个城市，继续保留全国文明城市称号；济南、日照、莱芜、济宁、滨州、泰安6个城市，成为新一轮全国文明城市提名城市。

“全国文明城市”作为一项崇高的荣誉，是国内含金量最高、影响力最强的城市文明创建品牌，也是一个城市安定和谐、民生改善、生态良好、人民幸福的高水平体现。再次与全国文明城市擦肩而过，对省会济南来说，是一件说遗憾是真遗憾、说不遗憾也不遗憾的事。

说“遗憾”，是因为从2004年4月，利用第13届亚洲杯足球赛部分赛事在济南举行的有利时机，开展“迎亚足赛、创文明城”主题行动开始，十多年来，济南从未停止过争创全国文明城市的脚步。对济南这样一个经济大省的省会、黄河中下游区域中心城市和中国东部沿海开放城市来说，在拥有了“国家历史文化名城”“中国首批优秀旅游城市”“国家园林城市”等一批闪亮的头衔之后，再戴上“全国文明城市”的桂冠，既是济南市委、市政府坚定不移的奋斗目标，更是700余万泉城人民的热切期盼和不懈追求。

说“不遗憾”，是因为无论是2005年济南被评为全国文明城市创建工作先进城市和省级文明城市，也无论是在2012年、2013年的全国城市文明程度指数测评中，济南市分别位列省会、副省级提名资格城市测评第一和第二名，两年总成绩居第一名，济南，都已经积蓄了足够的冲击全国文明城市这一崇高荣誉的底气和实力。尽管，在2014年12月冲击全国文明城市的关键时刻，临门一脚出现意外，但看看“济南义工”脸上灿烂的笑容、红绿灯前人们文明出行的脚步，看看日益增长的综合实力，良好的治安环境、投资环境和居住环境等，济南人的努力有目共睹，济南的进步有目共睹。

之所以这么说，都源于一个事关“创城”的首要问题，那就是“创城”的根本目的是什么？不错，是为了金牌，得到全国文明城市的桂冠，是对济南这座历史文化名城的一个新的肯定，是对多年来全市上下努力改善工作生活环境、努力提升生活质量和自身素质的一个回报。但“创城”又不光是仅为了得到这么一项荣誉，仅仅用“为创城而创城”去理解“全国文明城市”这项荣誉的分量是狭隘的、不全面的。“金杯银杯都不如百姓的好口碑”，因为，700余万济南民众是创城的直接参与者，更是创城成果的评判者和受益者。只要用更优美的生活环境、更有质量的生活去回报民众的努力，无论得到金牌与否，都是值得肯定和赞颂的。

正因为如此，济南市与全国文明城市失之交臂，可以遗憾，但不能灰心，更不能丧气。成为新一轮全国文明城市提名城市，济南继续前行在创城的路上。有了十多年创城的付出，济南前行的脚步将更加坚实、稳健，济南百姓的心态将更加成熟、更加坦然。创城，为面子，更为里子；为荣誉，更为了更有质量的生活。继续为创城努力，值！继续为创城流汗，爽！

当然，成为新一轮全国文明城市提名城市，也意味着又一场文明大考需要济南重新答卷。济南必须抱着“清零”的心态，大兴求实、务实、落实之风，重新审视自己的不足，寻找自己的空白点和薄弱点，如拥堵不堪的交通出行，如压得济南在全省、全国抬不起头的空气污染等。应对这些问题，需要各级党委政府责无旁贷的担当，更需要每一个济南民众的参与和付出。而且，需要做好心理准备的是，巨大的努力和付出过后，收到的成效或许不能与付出成正比。但文明的进步是一点点一滴滴累积的，正如文明习惯的养成需要枯燥的规则去固化、整个社会文明素养的提高需要通过每一个个体自身的提升来体现一样。诚如此，有什么理由不继续以乐观和积极的心态去对济南的“创城”抱有美好的期待呢！

（摘自2015年3月26日《大众日报》20版）

做好“四种人” 坚持“三个从”

——从一名“新济南人”的心声说起

庄云锋

“现在全国都在为了实现‘两个一百年’奋斗目标而追逐着中国梦。从今天起，我就正式成为一名新济南人了，将与700多万济南人民一同，追逐我们的‘济南梦’，为此，我将首先做好‘四种人’：一是做明白人，明白中央和省委的良苦用心，明白自己的职责所在，明白济南人民的所思所盼；二是做带头人，带头贯彻落实中央的方针政策和省委的决策部署，带头遵守党章国法，带头维护班子团结；三是做清白人，以身作则，廉洁自律，堂堂正正做人，干干净净做事，清清白白为官；四是做健康人，始终保持积极向上的心态和健康的生活情趣，保持一名党员领导干部良好的品德和形象。”3月26日，新任济南市委书记王文涛在全市领导干部会上吐露心声，说出了做好一名“新济南人”的新标准。

没有高深的大道理和官腔官调的空洞话，讲的是群众听得懂、记得住的语句，“新济南人”给“老济南城”吹来一股新风。

做明白人，就是不做糊涂者。无论是想问题、干事情，还是作决策、谋发展，都要有一个目标、有一个标准。这个目标应该是切合实际、符合广大人民群众根本利益的目标，而不是缥缈虚无的空中楼阁，这个标准应该是求真务实、准确衡量工作成绩和效果的标准，而不是操作性不强、没有生命力的无本之木。然而有时候，在一种状况里浸润已久，会失去对环境的敏感。回溯既往，兴衰更替的起承转合清晰可辨；但当历史正在进行时，我们或许会因身居其中而“不识庐山真面目”。这就要求人们在负重前行、拾级而上之时，跳出事物看事物；在头绪万千、迷雾遮掩之时，静心辨别是与非；在攻坚克难、力拔山兮之时，始终保持平常心态和冷静头脑。一个官，当官“为了谁、相信谁、依靠谁”要明白，应善察百姓冷暖；一个人，活着为了什么、做人标准是什么、发展方向和目标是什么，也要明白，更应活出个明白人生。

做带头人，就是不做落后者。近年来，诸多重大历史节点接踵而至：2008年，金融危机无孔不入、泉城济南奋力前行；2009 年，全运圣火点燃激情、齐鲁儿女倍感荣耀；2010 年，一城三区跃跃欲试、千年古城期待新梦；2011 年，高铁滨河飞速驰骋、玉带美景交错纵横……如今，在经历了深改元年的探索、规划、起步之后，“济南号”这艘轮船，已经扬帆起航，向改革的深水区破浪驶去。省第十次党代会提出我省要到 2017 年全面建成小康社会。作为省会城市，济南更有责任和理由，争当经济社会发展的“排头兵”。一个城市如此，一方官员也是如此——做敢立潮头的弄潮儿，当人民群众的引领者；做敢闯敢拼敢干的示范者，当涉险滩、破瓶颈、碎壁垒的第一人；做把握新形势、解决新问题、适应新常态的践行人，当聚力量、激活力、促发展的实践者，努力成为积极影响一个地区、一个班子、一个团队每名成员的带头人。

做清白人，就是不做肮脏者。领导干部是人民公仆，而不是一方主宰；党和人民赋予的权力，只能用来为党工作、为民造福，绝不能当作牟取私利的资本。现实生活中，一些领导干部不能正确对待和使用权力，有的认为权力是上级给的，想问题办事情不怕群众不满意，就怕领导不注意；有的认为权力是个人努力得来的，把“有权不用、过期作废”奉为信条，这些思想和行为同马克思主义权力观是背道而驰的。权力是一把双刃剑，为民则利，为己则害。做清白人，一是内心要清白，心底无私为民生，真正把“公正”作为为官之本、用权之绳，做到公正处事、公道用人；二是双手要清白，不卡、不要、不贪、不沾，双手沾满泥土比浸染铜臭更清白、更踏实；三是行为要清白，不搞蝇营狗苟，不做尸位素餐，经常照镜子、正衣冠、洗洗澡、治治病，永葆洁净心灵、清白之身。

做健康人，就是不做病态者。健康的体魄源自健康的思想。只有德才兼备，才是“健全”之人。对领导干部来讲，有德有才是正品，有德无才是次品，无才无德是废品，有才无德是危险品。还有一种人，看身份是公务员，讲职务也叫主任、局长之类，但是整天无所事事、混日子，这种干部叫赝品。有人说，领导干部要做到保本经营：一是保住共产党人的政治本色；二是保住革命的本钱，这个“本钱”就是“健康的底限”。而这个“底限”，不仅仅是针对身体机能，更应是积极向上的生活情趣和选择正确的好恶取向，说到家就是正确人生观、价值观、权力观的底限。做健康人，就要不断锤炼自己的意志，顽强与社会不正之风做斗争；就要坚持正确的人生信条，不放松、不退缩、不妥协；就要始终保持旺盛的精力和高昂的热情，面对成绩不窃喜，面对困难不畏惧、面对问题不慌乱、面对挑战勇担当，在“人生马拉松”中跑出一片新天地。

做明白人是前提，做带头人是关键，做清白人是根本，做健康人是基准。“四种人”既相互依存、相互支撑，又各自独立、各有内涵。

如何确保这个“前提”，抓住这个“关键”，巩固这个“根本”，精确这个“基准”？“新济南人”王文涛自定行为准则：“从零做起，从低做起，从实做起。”

从0做起是一种姿态。0是谦虚者的起点，骄傲者的终点；0是一面镜子，让你认识自己；在强者面前，0是一面敲响的战鼓，催你不断进击；0也会变成8，犹如铁索中相连的环套，实在紧实无比。

从低做起是一种情感。跟着车轮转，隔着窗户看，表象是“脱离”，根子在“感情”。从“低”做起，就是落“地”生根。脚上沾有多少泥土，心中就怀有多少感恩；根扎在地里有多深，枝干就能吸取多少营养。只有将种子洒落在人民群众构筑的这片肥沃土地上，才能迎来大树参天。

从实做起是一把标尺。拿着这把尺子去丈量，能量出“政绩”的含金量，“数字”的真实性，“工程”的坚韧度，平凡岗位的闪光点，经济发展的持久力……这把尺子的精度高、刻度细，上量国计民生，下量为官规范，也时时刻刻丈量着城市良心的宽度、广度和深度。

千年济南城承载着美丽泉城梦。我们，因城市的发展风貌而新梦不断，因日新月异的多彩变幻而新锐辈出，因蕴藏动力的搏动萌发而历久弥新。城市是新的，700万济南人民也是“新”的——“新济南人民”，让我们共同走出一片崭新前程。

（摘自2015年3月28日《济南时报》A06版）

从群众最不满意的地方改起

晁明春

3月27日上午，在济南市领导干部会议上，省委书记姜异康对济南市下一步工作提出五点要求：

一要深入学习贯彻习近平总书记系列重要讲话和视察山东重要讲话、重要批示精神，牢牢把握各项工作的正确方向，切实用讲话精神武装头脑、指导实践、推动工作，自觉把济南发展放在全省大局中来谋划和推进，努力在落实“四个全面”战略布局中争当排头兵。

二要主动适应和引领经济发展新常态，培育和催生经济社会发展新动力，大力推进省会城市群经济圈建设，牢固树立科学发展观和正确政绩观，进一步挖掘发展潜力、增强发展后劲，保持经济社会平稳健康发展。

三要强化改革精神，进一步解放思想、开拓创新、释放活力。济南要紧密结合自身实际，坚持问题导向，从群众最期盼的领域改起，从制约经济社会发展最突出的问题改起，最大限度凝聚改革正能量。

四要不断改进领导方式和工作方式，自觉做遵法学法守法用法的模范。各级领导班子和领导干部要善于运用法治理念想问题、作决策，善于运用法治思维深化改革、促进发展，善于运用法治方式化解矛盾、维护稳定。

五要严格落实管党治党责任，坚定不移推进党风廉政建设和反腐败斗争。要坚持从严选拔干部、从严约束干部、从严监督干部，严格落实党风廉政建设责任制。各级领导干部要自觉加强党性修养、作风养成，带头守纪律、讲规矩，任何时候都不能“破底线”“闯红线”。

1 月 28 日下午，省委副书记、省长郭树清在参加省十二届人大四次会议济南代表团审议时强调，要充分发挥省会优势，自我加压、争先进位，力争各项工作走在全省前列。

“来济南工作，深感使命光荣。从今天起，自己就成为一名‘新济南人’，将与 700 多万济南人民一同追逐‘济南梦’。”

3 月 27 日上午，在济南市领导干部会议上，新履职的省委常委、济南市委书记王文涛，饱含深情地提出的“济南梦”，让全市广大干部群众备受鼓舞。

什么是“济南梦”？它包含哪些内容？满怀期盼的济南人从不同的角度进行着不同的解读。

无论是哪个行业，无论是哪个角度，有一点是相通的，如果借用一句大家都再熟悉不过的话，“济南梦”就是“济南人民对美好生活的向往”。

积极适应和引领经济发展新常态，进一步挖掘发展潜力、增强发展后劲，促进经济平稳健康发展，推动省会综合实力和核心竞争力再上一个新台阶，是全体市民的期盼。大河有水小河满，全市经济发展了，市民的收入自然水涨船高，腰包鼓了，底气壮了，日子自然越过越有滋味、越来越有奔头了。

进一步深化改革，要从群众最不满意的地方改起，从制约经济社会发展最突出的问题改起。为经济和社会发展注入动力、激发活力，也是全体市民的期盼。划定政府权力界限，明确政府责任担当，让不必要的审批成为历史，营造公平公正的法治环境，为大众创业、万众创新敞开大门，让老百姓办事创业不用再“托熟人”“拜庙门”，有尊严地创业，有尊严地生活，是社会进步的标志，更是人民群众的追求。

“在济南，幸福度是和空气能见度成正比的”。多呼吸几口自然的清新空气，更是济南 700 多万市民的共同愿望。通过铁腕治霾，让群众告别‘呼吸之痛’，是基本需求而不是奢求；是政府的责任，更需要全社会的参与。

还有，加快公交都市建设，完善路网布局，采取科学合理的治堵措施，更好地疏散和缓解城市中心区交通拥堵，给市民提供一个便捷、顺畅的出行环境，最大限度地减少市民的出行成本和生活成本。

还有，加快水生态文明城市建设，在尊重自然、敬畏自然的前提下，加强水资源的保护和合理开发利用，保持泉水的正常喷涌，使泉城的特色风貌更加鲜明等等。

引领新常态，共筑“济南梦”，需要一个强有力的领导集体。“自己将首先做好‘四种人’：一是做明白人，明白中央和省委的良苦用心，明白自己的职责所在，明白济南人民的所思所盼；二是做带头人，带头贯彻落实中央的方针政策和省委的决策部署，带头遵守党章国法，带头维护班子团结；三是做清白人，堂堂正正做人，干干净净做事，清清白白为官；四是做健康人，始终保持积极向上的心态和健康的生活情趣，保持一名党员领导干部良好的品格和形象。”在3月27日的济南市领导干部会议上，省委常委、济南市委书记王文涛表态。

王文涛表示：在今后的工作中，自己将坚持从零做起，虚心向大家学习求教，尽快熟悉情况、尽快进入角色；从低做起，从基层、基础工作做起，一步一个台阶地把济南的发展搞上去；从实做起，踏踏实实工作，勤勤恳恳履职，立说立行，真抓实干，把全市各项工作抓出成效。

2015年是全面深化改革的关键之年，是全面推进依法治国的开局之年，也是稳增长调结构的紧要之年。习近平总书记集中阐述了“四个全面”的战略布局，省委省政府提出了“一个定位、三个提升”的明确要求。对济南来说，2015年更具有特别的意义，特别是随着4月10日济南市十五届人大四次会议的召开，济南新一轮大发展的号角已经吹响。

凝神聚力，鼓足干劲，通过一件件小事的办理，一件件实事的落实，一件件难事的解决，为人民群众谋求更大的福祉，为省会经济的整体提升打下坚实基础。700多万济南市民有充足的决心和信心，期待一个和谐幸福、宜居宜业的美丽泉城。

（摘自2015年4月11日《大众日报》9版）

在山东“走在全国前列”中争当排头兵

晁明春

以“走在前列”为目标定位，是党中央、习近平总书记对我省的殷切期望和要求。作为一个沿海经济大省的省会和省会城市群经济圈的核心城市，济南更需牢牢把握省委省政府“走在前列”的目标定位，提升发展标杆、提升工作标准、提升精神境界，充分发挥省会优势，争当全省经济社会发展的“排头兵”，为实现“济南梦”打下坚实的基础。

发展阶段怎么看

3 月 31 日，随着济南市统计局发布 2014 年经济社会发展公报，一份沉甸甸的答卷摊开在济南人民面前。

经济总量大了：初步核算，2014 年全市生产总值 5770.6 亿元，按可比价格计算，比 2013 年增长 8.8%。人均产值高了：按常住人口计算，人均生产总值 82052 元，同比增长 7.9%，按年平均汇率折算为 13357 美元。

财政底气足了：公共财政预算收入 543.1 亿元，比 2013 年增长 12.7%。老百姓的腰包也鼓了：全年城市居民人均可支配收入 38762.8 元，增长 8.7%；农村居民人均纯收入 14726.0 元，同比增长 11.2%。

产业结构进一步优化了：三产比例由 2013 年的 5.4：39.3：55.3 调整为 5.2：38.4：56.4。发展质量进一步提高了：税收收入占公共财政预算收入的比重为 79.9%，比 2013 年提高 0.7 个百分点。

从 2012 年的 GDP 增长 9.5%，跑赢全国 1.7 个百分点；到 2013 年 GDP 增

长 9.6%，与全省持平；再到 2014 年的增长 8.8%，超出全省平均增幅 0.1 个百分点。从“跟跑”“追赶”到“并行”“领跑”，济南市的各项主要经济指标的增幅，在质量优、效益好的前提下，都已达到或者超过了全省平均水平，经济综合实力、竞争力不断增强。

如果和自己比，济南基本达到了 2012 年初制定的“一年缩小差距、两年基本赶上、三年全面达到或超过全省平均水平”的目标。但与省委、省政府的要求和全省人民的期望相比，济南还有相当的距离。

“山东走在全国前列，济南再满足于达到全省平均水平，恐怕与省会城市的定位和省委省政府的要求明显不适应了。”济南市一位基层干部告诉记者，如何牢牢把握省委、省政府“走在前列”的目标定位，提升发展标杆、提升工作标准、提升精神境界，充分发挥省会优势，争当全省经济社会发展“排头兵”？这是摆在济南市尤其是广大干部面前的一张在新常态下如何开创省会改革发展新局面的全新考卷。

发展标杆怎么树

“济南的发展定位，一定要济南从省情、市情出发，处理好留有余地和适度超前的关系，放在全省、全国发展的大格局中去谋划。”一位长期跟踪济南发展的专家告诉记者。

在这位专家的手上，记者看到了这样一组对比数字：

南京 2014 全年实现地区生产总值 8800 亿元，同比增长 10%，增速高于全省和苏南平均水平；一般公共预算收入 903.5 亿元，同口径增长 11%；在 15 个副省级城市中，南京地区生产总值、服务业增加值增幅均居第 1 位。

杭州：2014 年实现地区生产总值 9201.16 亿元，同比增长 8.2%；财政总收入 1920.11 亿元，同比增长 10.7%，其中地方一般公共预算收入 1027.32 亿元，同比增长 8.7%；

“尽管省情、市情不同，发展基础和发展条件各异，不同城市间不能作简单的类比，但这并不妨碍把济南置于各省会城市和副省级城市，实事求是地看去树一个什么样的发展标杆。”该专家表示，济南提升发展标杆，首先要做到“三个适应”，即与发展阶段相适应，与省会地位相适应，与省委、省政府的要求和全省人民的期望相适应。

树立什么样的发展标杆，直接决定了有什么样的工作标准和什么样的精神境界。以一种更宽阔的视野“跳出济南看济南”，更能增强发展的责任感和紧迫感，更能破除小成即满、故步自封的思想桎梏，真正做到站位高、谋事深、要求严；提升精神境界，增强的是省会的责任和担当意识，放下的是虚幻的省会“老大”的架子和面子，这样才能真正将省会的优势和资源禀赋发挥到极致，才会有推动科学发展、凤凰涅槃的勇气，改革创新、干事创业的担当和求真务实、埋头苦干的工作劲头。

（摘自2015年4月11日《大众日报》）

干工作岂能在“纸”上抓落实

木 青

笔者在基层调研时发现了一种“怪现象”：有的单位工作汇报洋洋洒洒，工作过程“扎扎实实”，工作成效“硕果累累”，其实工作根本没干或刚刚开始。究其原因，原来是把抓工作落实的任务“落”在了写材料的人身上，在纸上落“实”了，在实际工作中却落“空”了。

无独有偶。据报载，外地某县一项要求两年完成的工作，拖了 4 年还在“过程中”。可是在市里的专项考核中，这个县却夺了冠、评了优，理由是“该县在全市范围内最早下文展开此项工作”，事后被一些干部嘲讽为“文件夺冠”。

干工作就是抓落实。干完工作，认真总结，形成书面材料，上级来时如实汇报，无可厚非。但是工作没干、措施未行，只想“邀功请赏”，在“纸”上把工作抓得“实实在在”，在汇报中把工作“干”得“漂漂亮亮”，或者仅仅下个文件了事，做起了“甩手掌柜”，“夺冠”得来全不费功夫。这种现象，表面上看是搞形式主义，“上有政策、下有对策”，实质上是懒政作祟、名利作怪，搞阳奉阴违、弄虚作假，实在可恶。如此“任性”而为，虽是少数却危害甚巨。上级决策部署落实不了，好的政策惠及不到基层，最终受“伤”的必然是广大百姓。

“樱桃好吃树难栽，不下苦功花不开。”抓落实关键在干、重点在实。李克强总理说：“中国经济是干出来的。不干，什么都谈不上。”工作干了，党的路线、方针、政策才能转化为推动发展、服务群众的具体实践；不干，再好的目标、蓝图、政策、制度都是“空中楼阁”“镜花水月”，一切改革发展都是空谈。

消除在“纸”上抓落实的现象，一方面，各级干部要切实转变工作作风，破除名利思想，“不采华名、不兴伪事”，绝不能满足和止步于会议开过了、文件发过了、嘴上讲过了，而要做到心中装着群众、心里想着发展，扑下身子真抓实干，真正为群众办实事、做好事、解难事，创造出经得起实践和历史检验的工作实绩，让群众受益、满意。另一方面，上级机关检查工作要“不受虚言、不听浮数”，真正深入下去，“瞪”起眼来，既听汇报也到现场，既看材料又摸实情，一旦发现弄虚作假、做“表面文章”，就严肃处理、决不姑息。更重要的是，要改革干部政绩考核的导向、机制和标准，让考核真正实起来、严起来、硬起来，通过考核，考出真假、辨出虚实、核出优劣，坚决堵住在工作中玩虚的、应付事、不作为等搞“软腐败”的缺口，让不实作风、不良行为无处遁形，避免再出现“文件夺冠”的笑谈。

（摘自 2015 年 4 月 27 日《济南日报》）

济南新起点，从头脑风暴开始

徐先领

日前，在济南市“三严三实”专题教育党课上，市委主要领导同志提出，要在全市党员领导干部中开展一次解放思想大讨论，引导全市各级进一步突破思想藩篱，提升思想境界，为推进改革发展注入强大动力。

思想是“总开关”，是变革的先声、行动的先导。思想不解放，思路打不开，工作自然也就上不去，局面也就打不开。

其实，早在3月27日济南市领导干部会议上，省委主要领导就已明确要求济南市，要强化改革精神，进一步解放思想，开拓创新，释放活力。市委主要领导履新以来，也多次在不同场合强调，要努力营造解放思想、敢于担当的政治生态，为济南市经济社会持续健康发展提供坚强保障……

正如党的十八大报告中指出的，“解放思想，实事求是，与时俱进，求真务实，是科学发展观最鲜明的精神实质”。作为我们党的思想路线的精髓，解放思想是解决一切问题的总开关，它的本质特征在于，思想观念的更新、思维方式的变革、精神状态的改变；主要方法是，树立问题意识，坚持问题导向，坚决破除各种阻碍发展的落后思想和陈旧观念，打破各种习惯定式和主观偏见的束缚；根本目的是，以新状态引领新常态，以新思路谋求新发展，以新办法解决新问题，以新举措激发新活力，以新境界开创新局面。

解放思想，不是一句空话、套话、大话，而是现实的生产力、原动力；不是简单拆拆换换、修修补补，而是全面脱胎换骨、转型升级；不是口号、标签，而是实干和实绩；不是只求一时之变，而是长期发展之需。创新创造创业之花，只有在思想解放的沃土中，才会落地生根、灿烂绽放，并结出丰硕的果实。

我们常说，市场经济是法治经济。其实，市场经济也是观念经济、竞争经济。不同地区、行业、企业之间的竞争，早已超越了单纯物质力量的较量，更多地表现为思路、观念、智慧、方法等综合实力的较量。新常态下，为什么有的企业、有的指标、有的工作能逆势而上，原因固然很多，但必不可少的是，在不断解放思想中开拓创新，在主动适应形势变化中与时俱进。

发展没有终点，实践不会终结，因此，解放思想不可能一蹴而就，也不会一劳永逸。面对新常态，济南要实现力争上游的目标，必须在解放思想上迈出更大步伐。实践证明，每一次改革创新，每一轮科学发展，无不是运用解放思想这个法宝冲破束缚、破除障碍、超越自我的结果。不论对我们党来说，还是对我们这座城市而言，解放思想，不是解决问题的权宜之计，而是一以贯之的主线；不是一步到位的终点，而是不断前行的一个又一个新起点。正所谓，实践发展永无止境，解放思想永不停步。

眼界决定境界，境界决定思路，思路决定出路。没有思想的先导，就不会有行动的跟进；思想上能否“破冰”，决定着行动上能否突破。只有想到，才能做到；认为正确，才会坚持。俗话说，观念一变天地宽，观念不变原地转，说的就是这个道理。

（摘自 2015 年 5 月 19 日 《齐鲁晚报》）

用问题倒逼出城市智慧

徐先领

紧紧围绕济南的经济发展、城建管理、社会事业和社会治理、生态文明和环境保护、干部队伍建设和作风建设等内容，针对思想解放不够、观念更新不够、境界提升不够，以及缺乏现代理念、创新意识、开拓精神等方面的问题，深入分析查找济南经济社会发展中存在的不足和差距，把脉问诊，有的放矢，谈问题、谈意见、谈对策、谈建议，用“倒逼机制”，把问题找准。

打开视野，才会豁然开朗；开动脑筋，才有峰回路转；放下包袱，才能轻装上阵。勇于直面问题，善于发现问题，积极应对问题，对症下药，标本兼治，才是解决问题的关键一环，开创局面的制胜法宝。

解放思想，是认识问题的前提，也是解决问题的钥匙。只有解放思想，才能找准问题的症结，找出存在的差距，找到破解难题的方法和途径，不断提高解决问题的能力和水平。

在济南市“三严三实”专题教育党课上，市委主要领导重点列举了思想境界不高、精神状态不佳、服务意识不强、领导能力不足、工作作风不实、自我约束不严六个方面存在的突出问题，强调要着力破除守成观念、畏难情绪、懒惰思想、老大意识和粗放思维。市委主要领导指出的这些问题，可谓一语中的，切中要害，发人深省。

其实，在招商引资、项目建设、简政放权等实际工作中，岂止在这些方面存在“不严不实”的问题！那种领导“踩油门”，下面“挂空挡”，甚至“踩刹车”的现象；那种眼里只盯着个人“一亩三分地”这粒“芝麻”，全然看不到济南市发展这个“西瓜”的中梗阻现象、本位主义思想，岂止在个别部门、个别干部中存在！那些不懂行、不在行、不内行的“南郭先生”；不学习、不研究、不干活、不担责、为官不为的“N不”型干部；只会摆谱作秀糊弄局、不学无术吃老本，甘做闲人、懒人、庸人，甘当太平官、逍遥官、滑头官的混子、油子，岂止是只有基层单位和群众才会遇得到！

不妨搞个小测验，即使济南市委主要领导反复讲了、提了，可能有人仍然不知道、不关注“PPP”“O2O”“VC”“互联网+”等指的是什么，就更谈不上在工作中去落实、去结合、去创新了！这些问题和现象，不论是共性的，还是个别的，是面上的，还是具体的，根本的都是在理想信念、宗旨意识和党性观念等方面出了偏差，骨子里是思想这个“总开关”出了问题。

济南市各级都应当在深入调查研究、认真分析思考的基础上，集中时间、集中精力、集中群众智慧，结合本单位、本部门、本地区实际，召开“解放思想大讨论”务虚会、研讨会、专题座谈会、征求意见会……紧紧围绕济南的经济发展、城建管理、社会事业和社会治理、生态文明和环境保护、干部队伍建设和作风建设等内容，紧密联系思想和工作实际，针对思想解放不够、观念更新不够、境界提升不够，以及缺乏现代理念、创新意识、开拓精神等方面的问题，深入分析查找济南经济社会发展中存在的不足和差距，把脉问诊，有的放矢，谈问题、谈意见、谈对策、谈建议，用“倒逼机制”，把问题找准，把思路理清，把标杆树好，把措施定好，明确工作目标和努力方向。集思广“议”，群策群力，使解放思想的过程，成为统一思想、凝聚共识的过程，成为齐心合力、共谋发展的过程。在解放思想中统一思想，变全市动员为全市行动。

济南市上下都应当紧紧围绕科学发展这个第一要务，进一步转变思想观念，提升思想境界，打破旧框框，打开新思路，既靠解放思想来发现问题，更靠解放思想探索解决问题的办法，进一步倡导和树立直面问题、攻坚克难、尊重规律、脚踏实地、实在实干的精神，努力营造敢为人先、敢于担当、创新创业、改革攻坚的浓厚氛围，真正把解放思想的成果，转化为推进经济社会大发展的成效。

（摘自2015年5月20日《齐鲁晚报》）

为济南腾飞插上想象的翅膀

徐先领

如何解放思想？怎样解放思想？从“演绎法”来看，可能涉及方方面面；但从“归纳法”来讲，则主要涉及三个方面的问题：怎么看？怎么办？怎么干？不但要坚持用正确的方法来解放思想，而且要不断丰富解放思想的内涵，还要用更加开阔的视野来谋划发展，努力营造创新创业、争先进位的浓厚氛围。

具体说，怎么看？就是怎么看市情、区情、县情……特别是要立足省内看济南、比照省会看济南、放眼全国看济南、走向世界看济南，把济南的发展放到更大范围内、更高层次上来审视。跳出济南看济南，才会发现，无论在经济总量、财政收入，还是在固定资产投资等方面；无论在县域经济、园区经济、工业经济，还是在民营经济、外向型经济等方面；无论是和省内的青岛、烟台、潍坊比，还是对照其他全国副省级城市、省会城市看，我们在许多方面“短板”还比较突出，甚至可以说，差距不是越来越小，而是越拉越大。前面的标兵不但数量越来越多，而且距离越来越远；后面的追兵不但数量越来越少，而且距离越来越近。面对这种不进则退，慢进也是退，稍一松懈就掉队的严峻局面，只有以坐不住的责任感、等不起的紧迫感、慢不得的危机感，瞄准先进城市、发达地区，奋起直追，力争上游，济南才会蹄疾步稳，发展得更好一些、更快一些。

怎么办？就是要树立标杆找不足，对照先进找差距，围绕工作摆问题，结合自身做剖析，特别是要对照“三严三实”的标准和尺度，往深里找、细里查。有什么样的工作定位，就会有什么样的工作目标和标准。古人说“取法其上，得乎其中；取法其中，得乎其下”，讲的就是这个道理。我们要对照“走在前列”和争当落实“四个全面”排头兵这两个标杆来谋划发展思路，制订工作措施。要对照先进地区、发达城市，用更广的视野，更严的标准，更高的标杆，深入查摆制约省会经济社会发展的瓶颈问题，群众反映强烈的突出问题，影响干部干事创业的关键问题，抓住主要矛盾和矛盾的主要方面，选准切入点，找准突破口，下大力气抓好整改。

怎么干？一句话，就是学外地之长，创济南之新，高点定位，高标谋划，高效推进，奋起直追，力争上游，全力加快科学发展步伐。要走出去，请进来，学经验，觅良方，以更好的举措，更实的政策，更大的力度，缩小差距，弯道超车，迎头赶上。要紧扣科学发展这个第一要务、经济建设这个中心，按照胆识、智慧、方法“六字方针”，以思想和行动的双重自觉，促进各级干部提振精气神，锤炼好作风，展现新作为。所谓胆识，就是敢为人先的勇气和胆略。只要有利于经济社会发展，只要能为老百姓带来福祉的，就应该大胆闯、大胆试，撸起袖子、甩开膀子、扑下身子，苦干实干带头干，敢干会干创新干。所谓“智慧”，就是要把大胆探索与科学决策紧密结合起来，善用科学的思维方式指导工作，推动实践。每个干部都应当成为懂行、在行、内行的行家里手，甚至是专家能手，凭专业说话，按规矩办事，以专业精神和素养来研究工作、解决问题。所谓“方法”，就是要敢于拆除篱笆围栏，勇于打碎瓶瓶罐罐，善于打破条条框框，真正做到，不符合社会主义市场经济规律的思想观念，都要坚决摒弃；制约发展的体制机制弊端，都要大胆革除；束缚创新创业创造手脚的管理方式，都要彻底改变。这才是思想大解放的应有之义。

说一千，道一万，两横一竖全靠“干”。要把解放思想植根于脑海里，落实到行动中，贯穿于推动工作的全过程，体现到深化改革、加快发展的实绩上。每个干部都应当既当指挥员，又当战斗员，以自我革新的勇气、攻坚克难的劲头、敢于担当的精神，以只争朝夕、时不待我、雷厉风行、马上就办的作风，全力推进思想大解放，观念大转变，境界大提升，全面推动济南经济社会更好、更快、更大发展。

（摘自2015年5月21日《齐鲁晚报》）

激荡头脑方能创济南之新

徐先领

我们需要一个什么样的济南？大家心目中的“济南范儿”，应该是个什么样子？答案或许千万个。不过，汇总起来，必定少不了这些“热词”：宜业宜居、宜商宜游、开放包容、创新创业、公平公正、诚信和谐、幸福美丽，智慧城、文明城、生态城、卫生城、模范城、现代化大都市……

其实，千万人期望和梦想的济南，就是我们共同的“济南梦”。众人拾柴火焰高，万众划桨开大船。我们每个人都是这座美丽城市的建设者、参与者、推动者和共享者，而不是旁观者，更不是缺席者。千万人的“个人梦”实现了，汇聚而成的，就是强大的“济南梦”。

说一千，道一万，解放思想，最终要落脚到开拓创新上，体现到实干实绩上，根本目的，是为了实现我们共同的“济南梦”。抢先一步，领先一路；慢人一拍，被动一轮。济南要力争上游，在落实“四个全面”和“走在前列”的战略部署中，争当排头兵和领头雁，关键要用好创新这把“金钥匙”，打造发展升级版。

招商引资要创新，项目建设要创新，城建管理要创新，社会治理要创新，各项工作都要创新……全面深化改革尤其需要敢于创新、勤于创新、善于创新！

与发达城市、先进地区相比，济南之所以在综合实力、发展水平、结构调整、转型升级等方面还有差距，在县域经济、工业经济、园区经济、民营经济、外向型经济等方面还是短板，根本在于，企业家这个最富创造活力的群体作用发挥得还不够充分，改革开放的理念、创新驱动的理念、市场主导的理念还没有真正深入人心。企业家群体发展壮大了，企业多了、大了、强了，城市才会更富活力、更具魅力、更有实力。要着力打造良好的营商环境，以环境优势、服务优势营造招商优势、发展优势。最大限度地降低创业创新的门槛，用政府的“减法”激活市场的“加法”，进而放大为企业的“倍数”效应，使济南更具“硅谷气质”。

民众之中，蕴藏着无穷的创新热情与创造智慧。已经进入“E时代”“创时代”的今天，无限创意和无限商机无不蕴含在“互联网+”这座宝藏里。充分认识和积极把握“互联网+”带来的无限机遇，主动抢占“互联网+”形成的制高点，大力支持今天的小微企业、草根创客成长为明天的企业航母，把济南打造成“创客之城”“创意之都”，理应成为全市上下共同追求的目标。为此，应始终秉持一个理念：进一步解放思想，开拓创新，积极弘扬百年开埠精神，大力培育创新意识、发展创新文化，着力营造支持改革、鼓励创新、宽容失败、容许试错的浓厚氛围，推动大众创业大胆试，引导万众创新大胆闯，加快建设创新型城市、创新型社会，努力形成科学发展的新动力。

以创新引领未来、谋划发展，政府应当首先做出表率，加快建设创新型、服务型政府，做创新的积极实践者、推动者和引领者。正确处理政府与市场的关系，核心要改的是“官念”、革的是利益，管好政府的“有形之手”，激活市场的“无形之手”，特别要着力克服与民争利、与企争利的冲动，真正做到“有权而不任性”。要善用创新的思维、方法和理念，破解改革难题，应对发展挑战。以一流的境界、一流的状态、一流的标准、一流的作风，争创一流的业绩。这个一流，不只是纵向比，一年要比一年强，更应当横向看，对照先进找差距。当然，创新，不是胡来，也不是炒作，更不是蛮干，要不违法、不违纪、不违规，然后，大胆试、奋勇闯、扎实干。

再美的蓝图、再好的设想，没有“实干”这个“1”来引领，后面再多的“0”也没有意义。当前，济南已进入加快改革发展的崭新时期。心态决定姿态，姿态决定状态，状态引领常态。新常态下，谁认识得早、适应得快、引领得好，谁就能在新一轮发展中抢得先机，拔得头筹，争先进位。全市上下都应当以“实在、实干、实绩”为导向，进一步提升发展标杆、工作标准、精神境界，解放思想，敢于担当，积极作为，创出一个新济南！

（摘自2015年5月22日《齐鲁晚报》）

再公示一下“整改台账”如何?

晁明春

“从评议的各项指标看，尽管社会公众对被评议单位的‘服务态度’表示赞赏，但‘工作效率’不高问题依然像往年一样没有得到彻底解决。从某种意义上讲，‘效率’比‘笑脸’更重要。对民主评议排行榜如实向社会公布，值得点赞；但民主评议只是促进工作进一步改善的手段，评议的最终目的是‘改’而不是‘评’，所以有必要向评议的组织者提个建议：再公示一下‘整改台账’如何?”

在2014年全市民主评议党风政风行风情况公开通报结果后，不少热心读者打来电话，希望通过媒体转达他们的建议。

在这点上，应该说社会公众和评议组织者想到一块儿去了。济南市纪委主要负责同志就表示，今后要把评议的重点放到整改上，“评议”只是发现问题，“整改”才是解决问题，要通过评议和整改努力增强人民群众的获得感。

据介绍，2014年，济南市首次把问题整改作为主要指标，融入评议体系，对整改不力、效果不明显、群众反映强烈的，及时进行约谈。特别是为了促进问题的整改，济南市纪委还组织开展了“直面问题·践行承诺”系列活动，对上年度民主评议中群众反映的1.2万个问题，原原本本地进行反馈，作为整改的重要依据。2014年，全市民主评议共完成重点整改事项3753条。

如果仅从数字上看，3753条重点事项能得到整改令人欣喜。但对照一下这几年的民主评议排行榜不难看出，仍有一些单位顽固地“坚守”着排行榜上后几位的名次。不能否认这些单位为改善工作而付出的努力及做出的成绩，但评议结果也同时表明，不管是否存在着这样或那样的客观理由，这些单位离社会公众的期待及市委、市政府的要求，都还有相当的距离。

正因为如此，所以在今后的民主评议中也就有必要多问几句：社会公众不满意不认可到底集中在哪些问题上？彻底整改的可能性和难度到底有多大？特别是通过“直面问题·践行承诺”系列活动，到底哪些事项得到了整改？又有哪些事项整改不力？整改不力的客观原因是哪些？能否通过主观努力去改善等，一句话，原原本本地公示一下“整改台账”，甚至实行整改“销号制”，将存在问题和整改效果全部置于社会和公众的监督之下，交由社会和公众去评判。

之所以提出这样看起来有些“严苛”的要求，是因为站在一个全新发展平台上的省会济南，正面临着经济下行和民生改善的压力，面临着进一步深化改革和加快发展的重任。而部分党员干部尤其是领导干部身上存在的“思想境界不高、精神状态不佳、服务意识不强、领导能力不足、工作作风不实、自我约束不严”的问题，正是制约济南加快科学发展的最难打破的瓶颈所在。

“有的领导干部思想解放不够，不敢闯、不敢试、不敢创新”。在济南市委5月6日举办的“三严三实”专题教育党课上，省委常委、济南市委书记王文涛在列举“不严不实”问题时一针见血：有的领导干部甘当“太平官”，安于现状、甘于平庸，不求有功、但求无过。有的甘当“逍遥官”，遇事难字当头，遇难退字当先，碰到矛盾和问题要么东闪西躲，要么“击鼓传花”。有的甘当“滑头官”，拈轻怕重、挑肥拣瘦，只想捞好处不想下气力，抢着做易出政绩的事情，不愿做艰苦细致的工作。

“从服务基层、企业和群众来看：有的门好进了、脸好看了，但事情还是难办。”王文涛指出，“有的领导干部专业能力不强，对本职工作不懂行、不在行、不内行，对同类城市的情况不熟悉、不了解、不对比，甘当南郭先生、滥竽充数。有的创新创造能力不强，习惯于吃老本，不善于学习研究和应用新生事物。有的工作谋划不实，缺乏功成不必在我的胸怀，急于出成绩、走捷径。有的工作动机不实，摆不正当官与做事的关系，整天为自己的升迁设路线图、排时间表，有的甚至一心谋求官位，算资历、排位次，混日子、等提拔……”

压力就是前行的动力，问题就是整改的方向。济南市2015年民主评议工作已经全面启动，市委书记列出的6个方面“不严不实”问题，就是一个最好的参照。在改进评议方式方法，拓展评议范围，进一步深化完善评议工作的基础上，将“整改”作为评议的重头戏，像济南市纪委主要领导要求的那样，结合“三严三实”专题教育，建立问题整改督办机制，不回避、不推诿，真正做到整改事项公开、整改过程公开、整改标准公开和整改结果公开，让群众真正感受到党风政风行风的新气象、新变化。社会在期待，公众在期待。

（摘自2015年5月21日《大众日报》）

破解群众办事难亟须解放思想

木 青

日前市民张先生讲述了遭遇的一桩“难事”：他在办理继承公证时，需要父亲的子女证明。当他拿着写有兄妹四人姓名和身份证号码的证明到父亲生前单位盖章时，工作人员告诉他“不行”，因为此事不在单位职责范围之内，其父人事档案中记载的子女也只有姓名没有身份证号码……按照相关规定，没有子女证明，张氏兄妹就无法办理继承公证，也就无法继承父亲的房产。

李克强总理痛斥“证明‘你妈是你妈’简直是笑话”，诘问“百姓办事咋就这么难”，话语犹在耳边，这样的“抓瞎”事件又发生了。工作人员“不办事”的理由听起来似乎很充足，其实根本经不起推敲。其一，“此事不在单位职责范围内”。张父在该单位工作了近30年直至退休。根据党管干部原则和干部人事管理权限，党员干部有几个子女、姓啥名谁、年龄几何、在哪里工作，组织最清楚，单位最明白，干部人事档案中也均有记载，出具自己单位职工的子女证明义不容辞、理所当然，怎能说此事不在其职责范围内？其二，“档案中记载的子女只有姓名没有身份证号码”。既然档案中有子女的姓名，如果工作人员想办事，完全可以让张先生提供其兄妹的电话，让他（她）们报出身份证号码予以核对，怎么能以档案中没有记载就拒人千里之外？

工作人员如此“认真”“任性”的背后，其实是办事教条、不敢担当——难怪总理也感叹百姓办事之难。劳模“跑章”哭泣、老妪办证“抓瞎”、“证明自己还活着”等“奇葩”事件屡屡上演，不断刺激着公众的眼球。一方面，说明行政管理体制和社会治理机制改革任重道远；另一方面，也凸显出有的党员干部思想观念、为民意识和工作作风仍存在一些突出问题。

党的十八大以来，我市认真开展党的群众路线教育实践活动，“四风”得到有力整治，党员干部宗旨意识明显增强，工作作风明显改进，党风政风明显改观。但是作风建设永远在路上，服务群众的思想观念仍显僵化保守，不正之风，尤其是“四风”病根未除。有的单位门好进、脸好看，但事仍然难办；有的党员干部对待群众办事行必有据，拖拖拉拉、推三阻四；有的不求有功但求无过，庸、懒、散，为官不为。正如市委书记王文涛指出的那样——有的党员干部甘当“太平官”“逍遥官”“滑头官”。这样不仅贻误事业发展，挫伤人心民意，损害党委政府形象，也容易引起群众的反感和不满。

思想是行动的先导。思想不解放，思路打不开，工作不突破，问题自然解决不了。各级党员干部要增强宗旨意识和群众观念，以百姓之心为心，服务群众时要勇于解放思想、敢于冲破束缚，用新思维代替旧观念，用新办法解决新问题，多想怎么办、少说不能办，宁可自己多辛苦，也要让群众少跑路，让群众有更多“获得感”和“幸福感”，否则再简的审批事项、再好的利民政策也会在“最后一公里”梗阻。

（摘自 2015 年 6 月 8 日 《济南日报》）

打造“四个中心”需要优化创新环境

朱文兴

省委常委、市委书记王文涛同志关于“我们可以把济南城市发展总的目标定为——‘打造四个中心，建设现代泉城’”的讲话，给我留下深刻印象。这个目标定位，不仅完全符合济南的发展轨迹和现实状况，而且顺应了国内外未来发展的大趋势，具有很强的前瞻性、引领性、针对性和指导性。

实现“打造四个中心，建设现代泉城”的发展目标，核心是创新。区域性的经济、金融、物流中心和科技创新中心，都要靠创新打造。因此，解放思想必须从优化创新环境入手，坚决破除一切制约创新的思想障碍和制度藩篱。

首先要优化人才环境，吸引更多的创新人才到济南来创业、创造和创新。要把济南打造成区域性的经济、金融、物流中心和科技创新中心，人才是关键。以著名的电商企业“韩都衣舍”为例，8 年前，从山东大学韩语学院毕业、又在韩国工作过的潍坊青年赵迎光，从在淘宝上做韩国服装的代购网店做起，两年后向“时尚进口专家”转型，成功创造了“韩都衣舍”品牌，打造出中国互联网快时尚第一品牌和具有全国影响力的时尚品牌孵化器平台。2014 年纳税 3000 多万元，吸纳就业 2000 多人。事实证明，人才是创新、创业、创造的根本支撑，只有健全人才引进政策，进一步改革户籍管理制度，吸引更多的创客到济南来落户，建设创新创业的人才高地，“打造四个中心，建设现代泉城”才有强大的智力支持。

同时要优化服务环境，完善创新机制。“打造四个中心，建设现代泉城”离不开一流的服务环境；而优质的服务，有赖于创新机制的完善。当前，最重要的是处理好发挥政府职能部门作用与运用好市场机制作用的辩证关系。一方面，政府职能部门要创新管理和服务模式，围绕提高监管效率、降低监管成本、创新监管方式等，不断优化权力清单、责任清单，取消非行政许可审批事项，帮助解决草根创业难、创新企业和小微企业融资难、创新成果转化难等创新创业中遇到的实际问题，编制负面清单，切实降低商务成本，放宽“互联网+”等新兴行业市场准入管制，发挥创业、创意、创新、创造者在“打造四个中心，建设现代泉城”中的主体地位，激活企业在市场机制下创新主体的内在动力和活力，促使各种创新潜能竞相涌流，各种创造智慧竞相迸发，推动济南的发展增长由要素驱动型、数量扩张型向创新驱动型、质量提高型转变。

创新本身就是一种文化。笔者相信，解放思想以建立更优的创新机制和创新环境为切入点，“打造四个中心，建设现代泉城”的目标一定会事半功倍，早日实现。

（摘自2015年6月15日《济南日报》）

当以实绩论英雄

徐先领

7 月 3 日下午，在市委十届八次全体会议第二次会议上，市委主要领导围绕狠抓工作落实，以大量富有感染力、说服力的事例，专门讲了“实”的问题，引起许多与会人员的强烈共鸣。

怎么才叫“实”？主要包括三个方面：实在，实干，实绩。“实在”就是要忠诚老实、言行一致、表里如一；“实干”就是要办实事、求实效，脚踏实地、真抓实干；“实绩”就是要努力创造经得起实践、人民和历史检验的一流工作业绩。一句话，严格按照“三严三实”要求，老实做人、踏实做事、扎实工作。

“打造四个中心，建设现代泉城”的“济南梦”能不能早日实现，贵在实，重在实，关键还在实。

平时常听一些同志谈工作、说项目、讲招商，谈得是眉飞色舞、绘声绘色；听得是津津有味、频频点赞。但是说到最后，往往虎头蛇尾、没了下文，总是因为这样那样的原因，招商没落地，项目没干成。

习近平总书记曾经深刻指出：“抓而不紧，等于不抓；抓而不实，等于白抓。抓好落实，我们的事业就充满生机；不抓落实，再好的蓝图也是空中楼阁。”无论出了多少力、流了多少汗、操了多少心、费了多少劲，只要抓而不实，归根结底，只有苦劳没有功劳——白白浪费了许多宝贵的时间和精力、时机和资源。

什么叫本事？在不违规、不违法、不违纪的前提下干工作、办事情，别人能干的，我们不能干，叫无能；别人能干的，我们也能干，叫尽职；别人不能干的，而我们能干，那才叫本事！

取法乎上，得乎其中；取法乎中，得乎其下。如果立足于干好、着眼于干成，那么标准和要求就会明显不一样，做事的风格、行事的作风也会迥然不同。如果仅仅满足于干过了、跑过了，出工不出力、出力不用心，效果、水平、质量自然都会大打折扣、大不一样。

很多事情、许多机会，常常是稍一松劲，等一等、靠一靠、放一放，一不留神就错过了、失去了。干成干好关键在于坚持和努力，就像《士兵突击》里的许三多那样，不放弃、不抛弃，坚持到底就是胜利。特别是招商引资、项目建设、征地拆迁等工作，谁盯得紧、抓得牢，谁就能“笑”到最后。如果事情没干成，再怎么评功摆好，都毫无意义。

这次市委全会已经明确把招商引资作为经济工作的“生命线”，把重大项目建设作为城市经济社会发展的“牛鼻子”。不管是“跑”招商还是抓项目，最终目的都应该是早落地、早开工、早建成、早见效。没有那种“拼命三郎”的劲头，蜻蜓点水、漫天撒网，只会竹篮打水一场空。

有的县区、有些单位一年到头谈项目，表面上今天一个、明天一个，热热闹闹、应接不暇，就是因为没靠上、没盯紧，没有“抢、逼、围”，把“考场”当成了“秀场”，结果只能眼睁睁地看着一个个大项目、好项目从手中溜走、从身边滑走，跑到了其他地市和县区，徒生许多“羡慕嫉妒恨”。要花大气力、下狠功夫，强化项目策划与项目库建设，提高项目操作水平、推进力度，着力提高项目的履约率、开工率、投产率、贡献率。责任倒逼、日期倒逼、“挂图作战”，一个环节一个环节地“歼灭”，一个项目一个项目地“攻坚”，必定能打出一个又一个漂亮仗！

（摘自 2015 年 7 月 4 日《济南日报》）

把全市“共识”变成全市“共为”

徐先领

刚刚召开的市委十届八次全会，研究确定了当前和今后一个时期济南发展的总体思路，为全市的发展指明了方向，明确了目标。可以说，济南进入了大建设、大发展的崭新时期，同时也是攻坚克难、弯道超车的关键阶段。“打造四个中心，建设现代泉城”的“济南梦”，能不能梦想成真，关键看行动，根本在落实！

贵在执行，重在执行，赢在执行。

执行力，对一个人来说，是知行合一，把想到的做到；对一座城市而言，就是把目标定位一步步落到实处、变成现实，把全市动员变成全市行动，把全市“共识”变成全市“共为”。

执行力，就是战斗力、担当力、生产力，就是竞争力、创造力、凝聚力。就连比尔·盖茨也曾坦言：“微软在未来10年内，所面临的挑战就是执行力。”

一分部署，九分落实。对当下的济南来说，尤其需要坚定不移、不折不扣地执行，千方百计、不遗余力地执行，善于结合、创造性地执行。

执行需要大视野。放眼看世界，睁眼看外界，才会发现，差距有多大，不足有多少。每天看看上海、深圳等发达城市、先进地区的发展信息，那种强烈的冲击力、震撼力，让人危机感、紧迫感、压力感油然而生，都在赶着、推着、催着你，干得更快一点，做得更好一些。下棋找高手，弄斧到班门。从全省、全国、全球三个维度，跳出济南看济南，自会“知不足而后勇”；用“走在前列”这个标杆来审视，必定“不待扬鞭自奋蹄”。

执行需要好心态。“要我干”与“我要干”最大的差别在于心态。执行需要“抢、逼、围”，而不是“等、要、靠”。只要抱定一种让这座城市因我而更美丽、让这个社会因我而更美好的情怀和胸襟，就会有使不完的劲、干不完的活，就会有永不懈怠的好心态、勇往直前的精气神。

执行需要好状态。保持良好的精神状态和工作状态，自觉、自发、自动，是最好的执行力。我们济南的干部，应该把《致加西亚的信》当作必读书、必修课，甚至可以在“三严三实”专题教育中，作为一个“自选动作”来研讨、来反思、来凝心聚力。

执行需要好作风。一个地方的工作，成也作风，败也作风。没有敢打敢拼、敢闯敢试的过硬作风，没有逢山开路、遇水架桥的“亮剑”精神，没有全力以赴、志在必得的坚定意志，没有千山万水、千辛万苦、千言万语、千方百计的“四千精神”，再美的蓝图、再好的设想，恐怕都是一枕黄粱。所以，全市各级都应当用更严的要求、更实的作风、更高的标准，努力干到实处，取得实效。

执行需要硬举措。喊破嗓子，不如甩开膀子。坐而论道，将失信于民、适得其反。所以，工作要真抓实干，举措要真刀真枪，落实要真督实查，结果要“真金白银”，奖惩要真兑实现，动真格，实打实，硬碰硬，才能带出强班子，炼出硬队伍，干出新业绩，创出新局面。

7 月 1 日，习近平总书记在主持召开中央全面深化改革领导小组第十四次会议时提出，领导干部理解改革要实，谋划改革要实，落实改革也要实，既当改革的促进派，又当改革的实干家。这一重要指示和要求，用在当前济南的改革发展中，再及时、再恰当、再合适不过了。济南的干部，不仅要当促进派、实干家，而且要做忠实的践行者、有力的执行者！

（摘自 2015 年 7 月 4 日《济南时报》）

不做“提问者” 善做“解决者”

杨清波

“孩子哭了自己哄。”这是人人皆知的一个道理。但在现实生活中，遇到小宝贝哭闹不止，有的“奶爸”“奶妈”束手无策，把孩子“扔”给自己的父母了事。

这种“孩子哭了让别人哄”的做法，在工作中也不鲜见。有的遇到矛盾和问题不是积极主动、想方设法地去解决，而是患得患失、东闪西躲、虚与应付；有的等、靠、拖，或者干脆把矛盾和问题交给上级解决；有的碰到矛盾和问题击鼓传花、赶快出手，“不归我管”；还有的喜欢做“提问者”，提出的问题比解决的问题还要多。

探究这些现象的背后，从根本上是一些领导干部缺乏担当精神，遇事“难”字当头，遇难“推”字当先，有了困难就上交，有了风险就躲避，有了挑战就退缩。尤其在当前中央加大反腐力度的形势下，少数领导干部一味“算计”个人利害得失，怕给自己惹麻烦，“多一事不如少一事”，为了不出事，宁愿不干事，满足于当四平八稳的“太平官”。殊不知，这样一来错过了多少加快发展的良好机遇，耽误了多少解决问题的最佳时机！

两肩明月身蕴秀，总有担当品自刚。领导干部都有一定的职务，有职就有责，有责就要担当。正如市委主要领导所说，“遇到什么问题就解决什么问题，不躲避、不拖延；是谁的问题就由谁来解决，不上推、不下卸”。如果只想当官、不想干事，只想揽权、不想担责，只想出彩、不想出力，还有什么资格当干部？老百姓流传一句话：“当官不为民做主，不如回家卖红薯。”

干部必须干事，在位必须作为。有一个“1.01和0.99法则”，是说1的365次方是1，1.01的365次方约37.8，0.99的365次方约0.03，1%的区别日积月累就会变成巨大的差距。我们把“1”当作工作的基本要求，如果每天都是按部就班地工作，不管过多久还是“1”，只能达到合格线。如果每天都多付出1%的努力、多解决1%的问题、多取得1%的成绩，长期坚持下来进步就会惊人。如果每天松懈一点，哪怕只有1%，尽管当时看不出什么，时间长了就可能差之千里、不可收拾。我们每个人都应对照这个法则，看看每天自己是1、1.01还是0.99。

市委十届八次全会确定了“打造四个中心，建设现代泉城”的目标定位，切合实际，站位高远，鼓舞人心。“樱桃好吃树难栽，不下苦功花不开。”再好的思路、再高的目标，不干事、不担当，只做“提问者”，不做“解决者”，一切只能是“空中楼阁”“水月镜花”。

金末元初的元好问诗云：“当官避事平生耻，视死如归社稷心。”每一个领导干部都要有“事不避难、义不逃责”的精神，时刻牢记自己的身份是公职公仆、职责是公务公干，始终坚持权为民所用、情为民所系、利为民所谋，始终保持蓬勃朝气、昂扬锐气、浩然正气，紧紧盯住“打造四个中心，建设现代泉城”，在其位、谋其政、尽其责，对分内之事忠于职守，对困难之事勇于攻坚，对棘手之事善于解决，对突发之事敢于挺身，“孩子哭了自己哄”，真正做到不避事、不怕事、敢管事、能干事，用自己的辛苦指数换取群众的幸福指数，用自己的辛勤付出换取城市的加快发展。

（摘自2015年7月4日《济南日报》）

建设现代泉城需要什么样的干部

杨清波

济南“打造四个中心，建设现代泉城”的目标定位确定后，干部是决定性因素。面对选人用人不正之风，济南也亮出鲜明态度：对“拉票”的干部，一律“秒杀”；对“跑官要官”的干部，一律“不给”；对托人“说情打招呼”的干部，一律“优先不使用”。

“打造四个中心，建设现代泉城”——市委十届八次全体会议乘着解放思想、改革创新的东风，确立了济南发展的总体思路，绘制了济南发展的美好蓝图，开启了济南大建设、大改革、大发展的新征程。

正确的政治路线确定之后，干部就是决定性的因素。把现代泉城的远景变成近景、蓝图变为现实，关键在党，关键在人，关键在干部，这也是市委书记王文涛为什么在全会上两次大篇幅强调干部队伍建设的用意所在。

“打造四个中心，建设现代泉城”，需要什么样的干部？王书记说了六个字：“实在、实干、实绩。”“实在”就是忠诚老实、言行一致、表里如一；“实干”就是办实事、求实效，脚踏实地、真抓实干；“实绩”就是努力创造经得起实践、人民和历史检验的一流工作业绩。

做人要有人品，当官要有官德。应当看到，济南市绝大部分干部牢记党的根本宗旨，甘当公仆，服务人民，务实肯干，无私奉献。但不可否认，有的干部作风飘浮，不愿沉下身子为民办实事，而喜欢做表面文章、搞形象工程；有的说得多干得少，致使一些重点工作、重点项目长期停留在规划中、材料上；有的搞调研蜻蜓点水，干工作浮光掠影，对上级报喜不报忧；有的言行不一，对官对民不一，当面一套，背后一套……像这样的干部是干不了事、也难以干成事的。

“事如芳草春长在，人似浮云影不留。”只有做人实在，才能走得长久；只有干在实处，才能走到前列。“打造四个中心，建设现代泉城”涉及经济社会方方面面的工作，说一千道一万，唯有“实干”二字。所以必须结合职能，主动认领，制订计划，明确责任，一项一项地抓，一件一件地干，一个目标一个目标地落实。积跬步至千里，积小流成江河。如果你不干、我不干，那么让谁来干？美好的蓝图又怎么能够实现？

毛主席跟李宗仁说过：“看历史就像看油画，要离远点看；看人像看工笔画，要靠近看。”我们就要靠近选出那些老老实实做人、默默无闻工作、踏踏实实干事的好干部；也要靠近看出那些说假话、做虚功、兴伪事的“巧干部”。面对当下选人用人不正之风，济南也亮出鲜明态度：对“拉票”的干部，一律“秒杀”，中止后续程序；对“跑官要官”的干部，一律“不给”并严肃教育；对托人“说情打招呼”的干部，一律“优先不使用”并记录在案，着力打造风清气正、公平公正的政治生态。如此，必然用一贤人，则可群贤毕至；见贤思齐，就能蔚然成风。

当然，选人用人最关键的，就是要有制度的保障。树立“实在、实干、实绩”的用人导向，并建立“四看一听”选人用人机制，就是在为干部选拔制定一套合理且严格的制度和标准，在最大限度减少人为干扰的同时，使干部的选任更科学、更公平，也在广大干部群体中形成一种谋实事、求实干的正能量。

（摘自2015年7月6日《济南日报》）

解放思想必须找准切入点

朱文兴

当前，解放思想应当从哪里入手？笔者以为，紧紧围绕“打造四个中心，建设现代泉城”解放思想，应当是必须牢牢把握的出发点和归宿。

“打造四个中心，建设现代泉城”，体现了时代特征和济南特点，反映了市民对美好生活的向往和新期待，立意高远，内涵深刻，具有很强的号召力。因而，解放思想必须紧紧围绕这个战略目标来进行。从当前面临的实际问题看，破除思想障碍，提升现代经济、现代金融、现代物流、现代科技、现代管理的水平，是解放思想的重要切入点。

经济是一切事业发展的基础。建设现代泉城，离不开现代经济作支撑，而经济发展的根本动力在科技创新。“打造四个中心，建设现代泉城”，科技创新中心是灵魂、是基础、是先导。这些年，济南经济成绩斐然，但与全国一样，主要还是在财富驱动、投资驱动的大背景下取得的，靠科技创新驱动获得的份额还不高，经济结构转型升级的任务还很重。经济发展要由财富驱动向创新驱动转型，这是国内外发展的大趋势。目前，纽约、伦敦等国际大都市都把建成全球科技创新中心作为城市未来发展的主要目标，上海也有类似的目标定位。

济南提出建设全国重要的区域性科技创新中心，富有远见，顺应潮流。实践证明，科技创新是现代经济的灵魂和不竭动力。济南在这方面有较好的基础，但从更高标准来看，经济依赖传统制造业成分还比较高，重化工在制造业中占的比例太大，重传统制造轻智能制造和设计服务的现象还普遍存在；在用数字化、网络化、智能化提升装备制造业的水平，加快由传统制造向智能制造的转型，发挥“互联网+”在发展现代制造业和现代服务业的重要作用等方面，还有不少差距；在吸引更多有行业影响力的互联网金融创新企业到济南落户，打造全国重要的区域金融中心方面，还要创造更优环境；物流业的现代管理水平和效率都亟待提高，在依靠“互联网+”打造全国重要的区域性物流中心，建设智能高效物流业方面，也有很多问题需要解决。只有进一步深化改革，转变职能，简政放权，简化办事程序，降低创业成本，提高创新效率，以更加开放的姿态，营造良好的人才环境和投资环境，兴起大众创业、万众创新的热潮，真正使泉城成为创客之家、创业之都、创新之城，解放思想才算真正奏效。

从提高管理的精细化水平入手建设现代泉城，是解放思想的又一重要切入点。建设现代泉城，离不开包括城市管理在内的方方面面的现代化管理。精细化管理是现代管理的重要内容。精细化管理，既是一种审美视野、一种管理机制，更是一种实际行动。现代管理之父德鲁克指出，“归根结底，管理就是一种实践，其本质不在于‘知’，而在于行，其验证不在于逻辑，而在于成果。所以，管理的唯一权威就是成就”。可见，围绕城市管理精细化解放思想，不在于讲多深的理论，而贵在实践，重在行动，注重细节，真正把提升城市品位落实到每一个细微之处、体现在每一个实际行动上。

这样，“打造四个中心，建设现代泉城”的目标就一定会早日实现。

（摘自 2015 年 7 月 9 日《济南日报》）

让“大督查”在抓落实中发挥大威力

木 青

7月21日《济南日报》报道，为推动市委重大决策、全市重点工作和重点项目扎实推进有效落实，将“打造四个中心，建设现代泉城”各项工作不断引向深入，市委办公厅建立“大督查”机制，设立重点督查项目库，还将成立18个专项督查组，任务不完成督查不结束、项目不销号。

“督查”顾名思义就是督促检查。工作如果只部署、不检查，只“吆喝”、没督查，就很难落到实处。督查是保证党委政府决策部署落实的“利器”。

市委十届八次全会确定了当前和今后一个时期济南发展的总体思路，对“打造四个中心，建设现代泉城”做出了全面安排部署。大政方针已制定，美好蓝图已绘就，关键在于落实，否则再好的决策、再美的蓝图都是“镜中花”“水中月”。

在工作中，有些地方和单位对上级决策部署重视不够，措施不多，落实不力；有的怕下“苦力”，敷衍塞责，行动迟缓，推诿扯皮；有的“光打雷不下雨”，“只听楼梯响，不见人下来”，谈到重点项目就“有望开工”，说到难点问题就“有望解决”，致使一些重点工作、重点项目长期停留在规划中、报告上；有的推一推、动一动，甚至推了也不动……“大督查”机制的建立，无疑是一场促实干、促落实的“及时雨”。

激发落实的“压力”，就必须发挥督查的“威力”，看看谁不去落实、谁没按时落实、谁不在落实状态，提醒、训诫、推动有关单位和个人聚精会神干工作、实心实意抓落实。同时也能发现、找准影响落实的“病灶”，剖析原因，制定对策，解决问题，完善决策。

督查的重要前提是把决策部署细化为明确、具体的指标要求，逐项分解落实到责任单位和责任人。令人欣喜的是，市委办公厅建立了包括重大决策、棚改旧改、项目建设、招商引资、固定资产投资等重点督查项目库和包括工作目标、完成时限、责任主体、工作进度等内容的工作台账，对入库项目实行统一编号、动态管理。对已完成的项目，经审核、审定后予以销号；未完成的不予销号，使落实责任人身上有担子、工作有压力，使不抓落实、落实不力的人等不得、坐不住。

“大督查”机制将每月向市考评部门通报情况，作为日常考核监督的重要内容，并将项目建设、招商引资、旧改棚改等重点督查项目纳入综合考核指标体系，加大考核权重，考核结果作为对被考核单位表彰奖励和干部调整使用的重要依据，对整改不到位、延误工作进度的还将依据有关规定进行问责或组织处理，真正树立起督查的“权威”。

为政之要，贵在落实。我们期盼着层次高、力度大的“大督查”机制能够发挥出抓落实的“大威力”，高擎督查这一“尚方宝剑”，敢于“亮剑”、善于“挥剑”，坚决斩断工作推、拖、顶、靠的不良作风，坚决斩掉坑、害、欺、压群众的不良行为，使政令畅通无阻、决策“落地生根”，让“打造四个中心，建设现代泉城”早见成效。

（摘自 2015 年 7 月 23 日《济南日报》）

幸福就是能够走向幸福

庄云锋

最近，国内有8家互联网公司联合发布了《蓝色幸福指数城市报告》，省城济南排名垫底，引发一片哗然。而去年底的一份幸福城市排行中，济南还跻身前十。从“被幸福”到“被不幸福”，从莫名“被排名”到似乎“被乱排名”，从“幸福在身边”的自豪到“幸福去哪里”的诘问，一时间诸多舆论焦点再次不约而同地指向同一个问题——什么是幸福？

之于官方，幸福的标准或许是GDP、固投、财政等经济指数持续攀升，就业、医疗、教育等民生指数一路飘红；

之于百姓，幸福的标准或许是柴米油盐酱醋茶的衣食无忧，父母子女亲朋好友的健康快乐，家庭事业和美向上；

之于城市，幸福的标准或许是遗山先生水上泛舟，吟唱着“世间大明”的美辞，情感毕露；是南丰先生一边领略着现代人既有的开悟与抉择，一边站在这座城市的思想和情感上，笑而不语；是一代伟人明湖之上面对船来船往而情不自禁吐出“与民同乐不亦乐乎”，心生满足……

然而，对幸福的感知应该远不止这些。

不可否认，“堵”和“霾”两大问题，从某种程度上左右着济南幸福指数的高低起伏。前者也许受制于南北狭窄、东西狭长的地理特征，受制于地下复杂多变的泉脉分布，当“泉水邂逅地铁”时，让人哪敢盲目武断？后者也是因为三面环山的洼地效应和通风弊端，因为机动车数量剧增的现状和工业城市辉煌发展后留下的众多遗患，让人怎能不去面对？

在解决交通问题过程中造就了“济南交警”和“济南公交”两大全国品牌，在治理生态环境过程中培育了济南人民保泉护泉爱城市的忠贞情感。与此同时，济南人开始着手实施根治两大顽疾的又一治本之策——继做出加强城市上风口的污染防治，加快东部老工业区搬迁改造的决定部署后，7 月 16 日济南轨道交通 R1 线破土动工。

假如说交通状况和空气质量果真是影响当今城市幸福指数的重要方面，那么，济南追求幸福的实际行动早已在路上。

但是，“在路上”不等于“找对了路子”，没有正确的路子，只能有“无言的结局”。

有人说，济南是“大省份、小省会”。的确，从经济指标看，济南首位度不高，“三驾马车”拉动乏力，工业、县域、民营、外向经济短板明显，在全省、全国同类城市中排名不佳。

“老大自居”的观念、“老气横秋”的作风、“老生常谈”的状态，严重阻碍了省会经济社会又好又快发展的步伐。

正是摸清楚弄明白了问题关键，济南在探寻发展有效途径中演绎了一次关键行动——解放思想。

这次解放思想，堪称是言行一致“真解放”，切实杜绝了“道理上明白，行动上滞后，讲起来清楚，干起来茫然”的思想“假解放”。主动承认差距，思想没有“被解放”。在市委、市政府的正确领导下，全市各级重点从“三个纬度”中分析济南发展中的差距，心服口服认不足，心甘情愿当学生，心悦诚服学先进，把主动承认差距转换为放平心态、摆正位置、知耻后勇的原动力。准确找出差距，思想没有“乱解放”。针对济南经济社会发展中突出存在的瓶颈、壁垒、羁绊和束缚等问题，有的放矢地聚焦、聚力、聚智，有针对性地“望闻问切”、对症下药、猛药去疴，切实提高了解放思想的实用性和目的性。积极缩短差距，思想没有“空解放”。差距是压力、差距是动力、差距是潜力。把缩短差距作为承认差距、找出差距的最终目标，找准切实可行的途径，拿出务实管用的办法，千方百计缩差距、补短板、激活力，真正把能否有效缩短差距作为思想是否真解放的刻度尺和试金石。

实践证明，谋求发展，关键是要找对一条路。但是，找对一条路并不容易。从1840到1949年，这百余年的抗争中，太平天国运动、洋务运动、维新变法、辛亥革命……无数仁人志士的抗争与探索，都是希望寻找中国现代化的路径，获得走向现代世界的“入场券”。这些抗争、变革虽然慷慨激烈，却都没能完成救亡图存的民族使命和反帝反封建的历史任务。然而，也就是在这样百折不回的求索中，中华民族“摸着石头过河”，终于找到了一条崛起之路，而今正阔步走在努力实现“中国梦”的大道上。

同样，感受祖国母亲荣光的泉城济南，近十多年来的发展轨迹清晰可见：“发挥省城优势，发展省会经济”“维护省城稳定、发展省会经济、建设美丽泉城”“加快科学发展、建设美丽泉城”……而今，正是因为有了思想上的剖析、理论上的武装和实践中的探索，济南积极适应新形势新问题的挑战，进一步找准了一条更加接近实现“济南梦”的有效途径——打造四个中心，建设现代泉城。

然而，面对经济下行压力的持续加码，认识新常态、适应新常态、引领新常态的要求日益迫切。济南如何在南下北上的高铁经济中实现华丽蜕变？如何在PPP、BOT等新型经济模式下进行积极尝试？如何在一路一带、蓝黄经济、中韩自贸区等大经济战略中的尴尬地位中扭转局面？

就需要走这样一条路。这条路，是承前启后的路；是时而欢欣，时而痛苦的路；是充满沟壑，充满荆棘的路；是宽起来无边，窄起来惊心的路；是爬上去艰难，滑下去危险的路，但是我们必须走这样一条路，因为这是一条真实的路、一条通往幸福的路。

找对一条路不容易，坚持走这条路更不容易。古今中外，不乏实例：司马迁的《史记》写了15年，李时珍的《本草纲目》写了27年，马克思的《资本论》写了40年，歌德的《浮士德》写了60年……成功贵在持之以恒。

找对一条路，不断创新这条路，正反之例也值得警醒：丁肇中依靠创新研制的高分辨率探测器而发现了轰动世界物理界的J粒子，晚年牛顿由于落入神学研究范畴而一无所获……

在发展的道路上，只有持之以恒和求新求变，才真正算是走上了一条正确的路。

明确了走什么路，就要明确做什么人，始终“心中有坚守，心中有底线”。

唯有不做“老好人”，做个“老实人”，才能切实解决思想境界不高、工作作风不实的问题。利害之处半睁眼、调和折中和事佬，不愿讲得罪人的话、不敢做得罪人的事；甚至常为一己之私而不惜牺牲大局利益和他人利益。本质上是缺乏魄力、畏首畏尾的表现。如果把这种人放在干事创业的岗位上，则害了事业；放在管理干部的岗位上，则害了干部；放在指挥全局的岗位上，则害了全局。这种表面老实，实则不老实，其实就是境界不高、作风不实的体现。要真老实，说老实话、办老实事、做老实人，做到“信念老实”“作风老实”“性格老实”，绝不“伪装老实”。

唯有不做“装睡人”，做个“清醒者”，才能切实解决精神状态不佳、领导能力不足的问题。假装睡觉的人永远叫不醒。为什么“装睡”？一个是事不关己高高挂起的私心作祟，另一个是面对新情况新问题束手无策而出现“本领恐慌”。要做个清醒者，保持政治上清醒、思路上清醒、工作上清醒，始终保持昂扬向上的精神状态，在不断学习实践中增长才干。

唯有不做“稻草人”，做个“实干家”，才能切实解决服务意识不强、工作作风漂浮的问题。“稻草人”实际就是“为官不为”的“太平官”“逍遥官”“滑头官”。有权必有责、有位当有为。我们应坚决清除那些拿着俸禄不干事的“软腐败”，只说“不行”不说“怎么行”的“冷腐败”，“阎王好见小鬼难缠”的“潜腐败”。

与国家荣辱与共是幸福，与城市携手并进是幸福。我们正沿着一条正确的道路，快步走向真正的幸福。

经济基础决定上层建筑，同时似乎也决定着带有浓重意识形态色彩的“幸福”与“不幸福”。或许说，现在的诸多“不幸福”，是为了今后能更加幸福。“不幸福”是发展中的问题，幸福需要强有力的经济支撑；但是，发展起来后仍有“幸福的烦恼”伴随左右。有谁说，搭乘在通往“幸福目的地”的“中国快车”上是不幸福的？

“鞋子合不合脚，自己穿着才知道。一个国家的发展道路合不合适，只有这个国家的人民才最有发言权。”一个国家如此，一个城市、一个家庭、一个人亦是如此。

每一个人都不会为了确定自己的鞋是否合脚，而特意去请一个评判者，如果实在是想找一个评判者，也充其量是为了评说一下这鞋子的款式花色，而绝不会认为评判者的判决就能改变自己的脚在鞋子中的舒服程度。自己的脚在鞋子中是否舒服与有没有评判者没有关系，与评判者对鞋子的好坏判定也没有关系，与评判者对这只鞋子的好恶更没有关系。更何况有的评判者的目的并非是真心为你选出舒适的鞋子。正如17年前，作家王安忆在《关于幸福》的文章中写的："幸福就是自己觉得幸福。"

（摘自2015年7月27日《济南日报》）

建设现代泉城是需要“亮剑”的

徐先领

在纪念抗战胜利70周年的今天，电视剧《亮剑》值得我们“看了又看”。剧中“战神”李云龙所表现的那种敢打敢拼、势不可挡的“亮剑”精神，至今仍具有强大的感召力。

当前，济南的改革发展进入了转型升级的崭新时期，同时也到了爬坡过坎的关键阶段。特别是在经济下行压力不断加大的当下，尤其需要迎难而进、逆势而上的“亮剑”精神。

如果说在解放思想中统一思想，是下了一着漂亮的先手棋，那么，“打造四个中心，建设现代泉城”的目标定位，则完成了布局谋篇。虽说良好的开端是成功的一半，但也应清醒地看到，硬骨头还在后头，硬仗才刚刚开始。下一步的关键是多管齐下，环环相扣，打出一套强有力的组合拳，方能闯关过隘、攻坚制胜。

就像一座高大上的建筑，如果没有占地面积、建筑面积、容积率、绿地率等技术参数作支撑，再美的蓝图也只是空中楼阁。同样，“打造四个中心，建设现代泉城”不能光喊口号，应当尽快量化、细化，建立起一整套多层级、务实科学、可操作、富有济南特色的指标体系。

体制一变，动能无限。着力清除体制机制方面的制约障碍，让体制跟着发展走，机制跟着工作走，用体制机制的创新完善，把济南打造成投资的洼地、创业的福地、发展的高地，理应成为下一步的制胜之招。这方面，许多城市都在积极实践探索。像天津市把32个部门的187项审批权，收归到新成立的行政审批局“一个图章管审批”；哈尔滨市则全部取消了市级自设的57项行政审批事项……

古今中外，因选准人、用对人而成功的例子不胜枚举。桃李不言，下自成蹊。鲜明的用人导向是最好的指挥棒。只有把干部选用与提高执行力紧密结合起来，才能变“要我干”为“我要干”。只有拆门槛、搬台阶，把善谋发展、敢打硬仗的“李云龙”们放到重要部门、关键岗位和攻坚一线，才会捷报频传。

考核是旗帜和标杆。革命战争年代，战场上论英雄。和平发展时期，招商引资、项目建设、征地拆迁、棚改旧改等工作一线，则是最好的练兵场。把这些重点、难点工作进一步突出出来，建立起一级抓一级、层层抓落实的无缝责任链条，应当成为下一步完善科学发展考核体系的着力点。

一分部署，九分落实。毛泽东说，世界上最怕“认真”二字，共产党人最讲认真。习总书记讲，只要我们动真格抓，就没有解决不了的问题。抓落实不能空对空，必须实打实，只要真督实查、真抓严管了，就没有过不去的火焰山。

为什么抗击“非典”能很快打赢？为什么“八项规定”能令行禁止？严格问责是关键。市委十届八次全会打响了新一轮改革发展的发令枪，这等于向全市人民做了庄严承诺。责任重如山！是把工作当战场、当考场，还是当秀场，关键看能不能、敢不敢动真碰硬。让“为官不为”者“不能为官”，让混官、庸官、懒官、太平官、滑头官混不下去，自会登高天地阔，风正好扬帆。

（摘自2015年7月29日《济南日报》）

让“马上就办”成为济南政务的“名片”

木　青

在7月26日济南首次电视问政上，山东球墨铸铁管有限公司附近一小区居民反映，早在2010年买房的时候，政府部门在一份“关于山东球墨铸铁管有限公司搬迁的承诺书”中就明确表示，要“确保在这一小区竣工入住前将该单位搬迁”。可拖了5年之久，球墨铸铁管公司“我自岿然不动”，仍旧黑白黄红各色烟尘滚滚，居民深受其害。

无独有偶。笔者到某龙头企业调研，企业负责人反映，现在去有的政府部门办事，门好进了，脸好看了，但事情迟迟办不下来，投诉又担心给企业“小鞋”穿，自己很着急也没有办法。

这两件事情，反映出群众办事难的无奈与无助，也可窥见有的政府部门办事效率之低。

推诿扯皮、拖延不办，几乎每个人都有被政府办事人员“刁难”的经历。2013年10月一项调查显示，80.9%的受访者表示自己遭遇过办事难和办证难。而“不说明具体流程，多次要材料”“互相推诿、搪塞拖延”和“脸难看”占据办事难前三位，“信息不对称，流程繁琐”“难找人”和“要好处”分列其后。一部分受访者甚至表示，上面列举的各种“难”他们全部遇到过。

通过开展群众路线教育实践活动，政府部门工作作风明显好转，但“慢”仍是一个久治不愈的“大病”。今年5月8日济南市公布的2014年全市民主评议党风政风行风情况中，44个参评的行政部门，“服务态度”群众满意度最高，为91.71分；其次是“依法履职和清正廉洁”，均为91.46分；“工作效率”项得分最低，为90.78分。12个监管与执法单位首次纳入评议，群众对“工作效率”的满意度也是最低，为88.38分。

“慢”反映在民生领域，就是天空常常“四面霾伏”，道路常常“寸步难行”，群众利益常常被漠视；“慢”反映在经济发展指标上，就是前面的标兵越来越远，后面的追兵越来越近……

怎么办？唯有认真践行习近平总书记提倡的“马上就办”的作风，以坐不住的责任感、等不起的紧迫感、慢不得的危机感，民有所呼、我有所应，民有所盼、我有所干，讲究工作时效，提高办事效率，“马上办”“立即干”。

时间就是金钱，效率就是生命。深圳在建设国贸中心大厦时创下的“三天一层楼”纪录的“深圳速度”，使深圳GDP从1979年的1.79亿元增长到了2007年的6700多亿元，成为中国内地首个人均GDP过万美元的城市，创造了世界经济发展史上的奇迹。“深圳速度”的含义绝不仅仅是“快”，他们坚持做到经济发展与环境保护并行，打破了经济发展带来环境恶化的“怪圈”，成为中国首批国家环保模范城市和国际花园城市，值得我们好好学习借鉴。

践行“马上就办”，就是从点滴做起，重落实；从效率抓起，拼速度。工作中定了的事情，争分夺秒抓紧时间去办，想方设法克服困难去干，绝不能拖拖拉拉、慢慢腾腾，绝不能半途而废、不了了之。对于企业和群众办事，以百姓之心为己心，以百姓之事为己事，满腔热情、真心实意地快办快处，千方百计地帮助他们解决投资、生产、生活上的难题，大力优化政务环境、投资环境。

当然，有的问题如治霾、治堵等错综复杂，也不是一下子能解决的，但是不能一味地“等、靠、拖”，而应以时不我待的精神，一点一点地加快推进，一个具体问题一个具体问题地快速解决，如抓紧搬迁污染企业，日积月累，久久为功，定能见到大成效。

提高效率，真抓实干，已刻不容缓，让我们一起努力，使“马上就办”成为济南政务的靓丽“名片”。

（摘自2015年7月29日《济南日报》）

紧紧抓住科技创新这把“金钥匙”

木　青

在经济下行压力较大、传统行业和产业承受着结构调整阵痛、部分企业生产经营困难的情势下，一些高新技术企业却逆势而上、业绩高扬。比如浪潮集团，凭借自主创新成为我国云计算领域的领导厂商，为全球30多个国家和地区提供IT产品和服务，浪潮服务器连续17年国产品牌销量第一，存储连续9年国产品牌销量第一；仅2014年就生产服务器28万台，增长64.1%，出货量增速全球第一，实现销售收入300.1亿元。

“科学技术是第一生产力。”邓小平同志深刻揭示了科学技术在人类社会发展中至关重要的作用。科技产生力量，创新推动发展。17世纪以来300多年的现代化进程表明：英、法、德、美等国家的先后崛起，在很大程度上得益于科学技术的快速发展。

“打造四个中心，建设现代泉城”，最大优势在科技创新，最大希望在科技创新，最大动力也在科技创新。

济南已经是国家级创新型试点城市，建成各类企业研发机构800多家，高新技术企业总数500多家，全市高新技术产业产值占规模以上工业总产值比重超过40%，发明专利授权量、有效发明专利拥有量和万人发明专利拥有量全省第一，打造区域性科技创新中心有良好的基础。但是也必须清醒地认识到，我们的自主创新能力和竞争力还不强：国家级、国际性的高新技术企业少，规模以上企业总量不大，经济增长主要靠劳动力、资本和资源、能源等要素驱动；许多产业缺乏核心技术，不少企业技术“空心化”，关键部件依靠进口；创新资源要素利用率不够高，城市总体竞争力不够强。从根本上解决这些问题，谋求经济长远发展主动权，形成省会城市长期竞争新优势，就必须在加快实施创新驱动战略上“迈大步”，让济南驶上科技创新的“快车道”。

当前，我们比任何时候都更加渴望科技的进步，比任何时候都更加需要创新的力量。必须把增强城市自主创新能力作为战略基点，着力提升原始创新能力，大力增强集成创新能力和引进消化吸收再创新能力，不断提升知识、技术转移和规模化生产能力，通过科技创新发展新材料、生物医药、高性能半导体、机器人等新兴产业，促进传统产业转型升级，带动发展方式加快转变，让“科技之花”结出“产业之果”。

企业的技术创新能力是产业竞争的关键，在很大程度上也体现着一个城市的综合竞争力。实践证明，再小的企业一旦掌握核心技术，就可能成为市场的宠儿；再大的企业一旦丧失自主创新能力，就迟早被市场淘汰。要充分发挥企业作为科技创新的主体作用，完善企业创新平台，实施技术创新工程，加快建立以企业为主体、市场为导向、产学研相结合的技术创新体系。

创新，我们有资源、有优势。要更好地发挥省会高校院所众多、科技人才荟萃的优势，支持企业与高校院所加强协同创新，联合建立校企院企研发机构、产学研合作基地等科技成果转化的平台载体，加快推进山东工业技术研究院、山东信息通信研究院、国家重大新药创制平台、国家超算济南中心等创新平台建设，加快推进济南创新谷、药谷、新材料产业园、齐鲁软件园等创新园区建设，不断提高科技实力、创新能力和核心竞争力，推动省会发展向主要依靠科技进步、劳动者素质提高、管理创新转变。

科技创新是城市发展的“金钥匙”。我们要打造并用好这把“金钥匙”，让泉城在大众创业、万众创新的洪流中实现向“创造大市”“智造大市”的华丽转变，早日建成区域性科技创新中心。

（摘自2015年8月12日《济南日报》）

问政之后当问责

徐先领

近几天济南电视问政成了街头巷尾热议的话题，清风之中看到的是希望和信心，感受到的是满满的正能量。一些公众本来就特别关注的事情，这个时候也被放在了放大镜下，成了 X 光下的“玻璃话题”。

有的问题你推我搡来来回回好多次，几个月甚至几年都解决不了，不管什么原因都说不过去。退一步讲，即使办不了，也要答复好。家家有本难念的经，虽然各有各的难处，但是更应当换位思考，设身处地想想群众的苦处。俗话说，好话好说好商量，不管如何都要争取群众的理解支持，相信绝大多数人都是通情达理的。

谈项目时有望开工，说问题时有望解决，工作老是在规划报告、协调论证、请示汇报中……来回踢皮球，时间一长，有望就成了失望，承诺就成了忽悠。

没有问责，就没有负责；没有负责，就没有担责。没人担责，问等于白问，政依旧是懒政。负责人不负责，责任人没责任，神马都是浮云。

问政之后怎么办？不能雷声大雨点小、没了下文。到底是真刀真枪还是空炮哑炮，群众心里都有杆秤，亮亮的眼睛是定盘星，都在盯着看着，是不是动真格，会不会实打实。一句话，问政之后当问责。

日前，中共中央办公厅印发了《关于推进领导干部能上能下的若干规定（试行）》，核心是能者上、庸者下、劣者汰，可以说是为问责配上了尚方宝剑。经过这么多年的改革开放，在企业“让南郭先生下课”早已司空见惯了，但是在机关却没那么容易，“干部能上不能下”，成了继续改革的一大瓶颈。一千多年前，范仲淹革除积弊、更新吏治的勇气担当，至今仍值得学习借鉴。面对“为了谁、依靠谁、我是谁”的老问题和全面从严治党的新要求，问政是多打开一扇窗户，带来的是多重考验。

市委主要领导多次强调，干部要恪守“三严三实”，更要能上能下。表面上看，电视问政中反映出的问题，既不够违纪也谈不上违法，实际却是典型的权力任性。干部的天职是干事与担当。啥也不干，要你干啥？啥也干不好，为啥让你干？有为才有位，在位必须为。为什么体制外能上能下，其他行业能进能退，到了体制内就行不通了呢？

对为官不为者，与其说组织是主考官、群众是裁判员，不如说自己才是把自己罚下场的吹哨者。冰冻三尺，非一日之寒。长期放松对自己的要求、对班子队伍的教育管理，结果才在大庭广众之下又任性了一把。

当头棒喝，是要把装睡的人叫醒、把已睡的人惊醒。不管是问政还是问责，都不是和哪个部门过不去，也不是要难为谁，更不是非要把哪个人拿下来，只是希望解决问题、推进工作，让济南更美丽、群众更幸福。

为官避事平生耻，不用扬鞭自奋蹄。尽力成为本职工作的行家专家，尽快向群众交一份满意的答卷，就啥时也不怕问政，更不担心问责了。

（摘自 2015 年 8 月 13 日 《济南日报》）

让“为”成为济南干部的范儿

徐先领

盘点一下近期济南的发展变化、崭新气象，用一个字来概括，哪个字最能体现济南干部的范儿?

近一个阶段，市委主要领导提出了一系列新理念、新思路、新指示、新要求，为今后一个时期济南的改革发展指明了方向，确立了目标，树立了标杆，清风扑面之中，全市上下看到的是希望，增添的是动力，凝聚起的是满满的正能量。从这个角度来看，济南干部的范儿则非“为”字莫属了。

这个“为”至少包含了以下几层意思：应当积极作为、奋发有为，而不能碌碌无为、为官不为，更不能为所欲为、胆大妄为。让干部把心思集中到想干事上，把能力展现在会干事上，把目标落实到干成事上，把底线坚守在不出事上。干部大有作为，济南大有可为!

正如小平同志讲的那样：“世界上的事情都是干出来的，不干，半点马克思主义都没有。”习近平总书记更是反复强调，各级领导干部要做改革的实干家、促进派。革命战争年代，战场上论英雄。和平发展时期，招商引资、项目建设、征地拆迁、棚改旧改等重点工作，精准扶贫、国企脱困、安全生产等民计民生，就是改革发展的主战场。在这场攻坚战、持久战中，没有一支敢打敢拼、敢闯敢试、冲锋陷阵的尖刀部队，没有一点拼命三郎式的亮剑精神，济南的大招商、大建设、大发展，是不可能取得突破、打开局面的，更不可能决战决胜。

不知从什么时候起，个别干部就像佛爷的桌子——碰不得，一提就跳脚，推一推动一动，不推不动，出工不出力，干活不用心。只满足于干过了，不追求干好了。安于现状，甘于平庸，平平安安占位子，忙忙碌碌装样子。不懂行、不在行、不内行，坐井观天，夜郎自大，故步自封。一事当前，不敢担当，推诿扯皮，无所作为。凡事光盯着自己的一亩三分地，只要动了他的蛋糕，即使对全市发展再有利，也一律原则赞同实则反对。热衷于搞花架子、做表面文章，不怕群众不拍手，就怕领导不点头……

一个人碌碌无为，最多蹉跎一生、误己误家。但一个干部如果平平庸庸，就不止是耽误自己的工作和影响自身发展了，这种人多了，时间长了，更大冲击的可能是老百姓对整个干部队伍的信任、对党的事业的信心。

常看济南电视台的“交通进行时”栏目，就会发现，但凡酒驾的几乎都心存侥幸。身后有余忘缩手，眼前无路想回头。同样，因为个别人心存侥幸，自欺欺人，所以才越走越远、越陷越深，以身试法。能吏寻常见，公廉第一难。工作上有时候魄力越大越好，但有些方面还是胆子越小越好。有所为有所不为，心存敬畏不出事，啥时候都应该是一条不可逾越的底线。

自觉践行“三严三实”要求，老实做人，踏实做事，扎实工作，重实在，讲实干，看实绩，做明白人、带头人、清白人、健康人，才是济南干部应有的范儿。

（摘自 2015 年 8 月 18 日《济南日报》）

干部深入群众要“脱鞋下田”

王金波

党员干部深入群众从来不是一句口号，更不是“越陌度阡”式的形式主义，而是要放下架子、扑下身子、“脱鞋下田”。

密切联系群众是我党最大的政治优势。近期，习近平同志在中央党的群团工作会议上强调，要切实保持和增强群团组织的政治性、先进性、群众性。保持和增强群众性，就是要密切联系群众，与群众保持好血肉联系。党员干部特别是群团组织的党员干部，承担着动员群众、服务群众的庄严使命，完成好这一使命，必须深入群众，在“脱鞋下田”中进一步增进党群干群关系。

“脱鞋下田”体现的是“我是群众中的一员”。“脱鞋下田”这一形象比喻，说的是党员干部要把自己当作群众中的一员，只有这样才能解决好“代表谁、联系谁、服务谁”的问题。二十世纪30年代初，刘伯承在确定红军中的“司令”时，后面特意加上一个“员”字，将旧称呼“护兵”“勤务兵”改称“警卫员”“公务员”，将“伙夫”改称“炊事员”……所有这些体现了革命军队人人平等，都是革命军队的普通一“员”，只有分工不同。由此可见，这一“员”不可缺，缺了就会有高低贵贱不平等之嫌；这一“员”不可丢，丢了就容易出现凌驾于群众之上的官僚。把手中的职能权力看得高于一切，失掉公仆本色，必然滋生“权力寻租”等腐败问题。

“脱鞋下田”体现的是“心有群众情自在”。刘云山同志在《求是》撰文提到，“广大党员干部要同群众坐在一条板凳上”。笔者认为，这句话更深层次的内涵是：同群众坐在一条板凳上的不仅仅是屁股，更重要的是心。“脱鞋下田”，是因为心里时刻装着群众，对群众有感情。唯有对群众有感情，才会自觉主动、踏实务实地深入群众，当好群众解决难题的靠山、倾诉心声的对象，成为群众信赖和依靠的朋友。唯有对群众有感情，才能做到不分亲疏远近，不只顾“交富友”而忘了“结穷亲”。这种感情不是置党性原则于不顾、只考虑个人关系的私情，更不是那种“投之以桃，报之以李”的哥们儿义气和庸俗习气，这种感情是鱼水之情、血肉亲情，是发自内心的、积极向上的，这种感情最能引起思想共鸣，最能感召人心、震撼心灵，从而更好地把各界群众紧密团结在党的周围。

“脱鞋下田”体现的是知行合一。只有做到知与行的统一，才能深刻反思好“是群众没出路还是干部没思路”“是群众出难题还是干部有问题”“是群众不通情还是干部缺感情”“是群众不明白还是干部不清白”的问题。这种“知”，是知道自己“我是谁”“为了谁”“依靠谁”。把握不好“知”的问题，就容易导致漠视群众、脱离群众，甚至出现损群众之利满一己之欲的问题。这种“行”，是党员干部在深入群众中的躬身实践、率先垂范，以实际行动带动群众、组织群众、宣传群众、教育群众。把握不好“行”的问题，就很难站稳群众立场，统一思想、凝聚人心、化解矛盾、增进感情、激发动力就会成为一句空话。

深入群众不是“越陌度阡”，而是“脱鞋下田”。

（摘自 2015 年 8 月 21 日 《济南日报》）

“笨”办法就是好办法

徐先领

警钟不长鸣，所有等于零。在安全生产检查中，笨办法就是好办法。什么是笨办法，就是查，反复查，查反复，对安全生产违规企业要“死缠烂打”，绝不放过。在全市安全生产工作紧急视频会议上，市委主要领导这掷地有声的要求，引起了与会人员的强烈共鸣，令人禁不住击节点赞！

其实，何止是安全生产，我们的哪一样工作、哪一件事情，想干成、要干好，不需要这种一抓到底的“笨”办法、死缠烂打的“笨”措施、绝不放过的“笨”精神?!

毛主席讲，世界上最怕“认真”二字，共产党人最讲认真。习总书记更是反复强调，只要我们动真格抓，就没有解决不了的问题。谆谆教导言犹在耳，惨痛教训一再重演。如果反躬自省、逐项自查，其他工作是不是也存在这样那样的疏漏、不足和薄弱环节？更为关键的是，能不能从中得到启示，受到鞭策，有所提升。

很多工作、许多事情就是在等一等、靠一靠中失去了机会。像招商引资、项目建设、征地拆迁等，常常是刚想喘口气，一不留神就错过了时机。一篙松劲退千寻，时间一长，好不容易启动的拆迁，成了烂尾拆迁；好不容易招来的商，始终落不了地；好不容易开工的项目，成了半拉子工程。水中花、镜中月式的工作方式让人看着都着急、心疼、惋惜。反过来，安全生产、社会稳定等方面的一些隐患也是在这种拖一拖、放一放中，小问题拖成了大问题，甚至变成了老大难，等到非解决不可、实在绕不过去时，花费的气力更大，付出的成本更高。

许多工作，表面上最笨的办法，恰恰是最管用的办法。为什么查酒驾的效果那么好，而且整个社会的认可度、满意度那么高？一个“查”字，点出了要害。反复查，查反复，随时查，随机查，无死角，无缝隙，全市联动，一查到底。一旦查到，就是天王老子也保不住、救不了。同时，在人人都是新华社、个个都是电视台的情况下，互联网也发挥了无比锐利的利剑作用，面对群众、社会与媒体的全方位多重监督，酒驾基本到了无处遁形的境地。同样，我们的许多工作也应该像查酒驾那样，真督实查，真抓严管。世上无难事，只怕动真格。只要捋起袖子，甩开膀子，扑下身子，就没有过不去的火焰山。

许多工作，表面上最“笨”的措施，恰恰是最管用的措施。为什么“八项规定”执行得那么好，纠正“四风”的成效那么大？就在于实打实，硬碰硬，驰而不息，坚持不懈，持续加压，扭住不放，一寸不让。再好的措施，都需要扎扎实实地落实，再好的制度，都需要不折不扣地执行。干部的天职是干事，担当是责任。好多情况下，“笨”措施意味着一种责任、使命和担当。

许多工作，表面上最“笨”的精神，恰恰也是最科学、最务实、最专业的精神。讲实在，重实干，看实绩，某种程度上就是一种求真务实的“笨”精神、真抓实干的“笨”作风。国学大师钱穆说，古往今来有大成就者，诀窍无他，都是能人肯下笨劲。这个世界上聪明人太多，肯下笨功夫的人太少，所以成功者只是少数人。何谓功夫？说白了，无非是为了某种追求和信念，所花费的时间、投入的精力多而已。樱桃好吃树难栽，不下苦功花不开。幸福不会从天降，现代泉城等不来。不下笨功夫、苦功夫，哪来真功夫、硬功夫。

（摘自 2015 年 8 月 26 日《济南日报》）

创新思维　做活做大"泉文章"

徐先领

这几天，创意满满的第三届济南泉水节闪亮登场，让整个泉城"嗨"了起来。

泉水是济南的灵魂、图腾和名片，也是济南人的文化标记，更是这座城市闻名于世的品牌标志。

一招妙子满盘活。泉的文章做活了、做大了，泉城也就做强了、变美了。怎样把泉的文章做到极致，形式更多、水平更高、效果更好、影响更大；怎样把泉水这个最大的软实力转化为综合竞争力，进而为城市综合实力加分增值；怎样让泉城的知名度、关注度、美誉度更高，打造国际文化旅游名城，不仅是每届泉水节需要努力的目标，更应当成为全市上下不懈的追求。

站在全省、全国、全球三个维度看济南，相比于北京、上海、广州甚至西安等城市，让外国人了解济南、让外地人关注济南，的确有些难。但是，一招鲜，吃遍天。有一样东西，济南不但能拿得出、叫得响、过得硬，而且谁也比不了，那就是"泉水"这个宝！水是生命之源，泉是济南之魂。对济南来说，泉水事关城市定位、百姓福祉和未来发展，泉的地位和作用再怎么强调都不为过。

泉水之中，不仅有绿水青山，而且有金山银山。泉水是有限的，但泉文章是无限的。在这座无尽宝藏里，至少有六个关键词值得细细琢磨、深入挖掘：泉水、泉城、泉范、泉标、泉粉、泉流。不仅要把泉水当作独特的自然资源，还要当成最具比较优势的生态、旅游、经济、文化、社会资源，当成最宝贵的资产，在保护、开发、利用、推介等方面最大限度地做文章，推出最地道的泉范，造就最忠诚的泉粉，打造最时尚的泉流，建设最现代的泉城。

手机粉丝中有果粉、花粉、星粉，歌坛影坛造就了无数追星族，篮球足球更是产生了全球性、跨国界的球迷。同样的道理，我们也可以在泉粉、泉迷上做出大文章！韩日欧美等国纷纷利用韩剧、动漫、大片等输出韩流、日流、欧美流，我们也可以利用泉水节等媒介打造最新版的泉流！他们能造就铁杆的哈韩族、哈日族、欧美派，我们一样也能造就“泉心泉意”的哈泉族……

无锡影视城的三国城、唐城、水浒城、大宅门景区已经打造成了国家5A级景区，每年200万游客、20多个剧组的接待量，蕴含着多少商机！杭州宋城每年接待游客600多万人次。300元一张的门票背后，拉动的商机、产生的市场比一座金山银山还诱人！同样，电视剧《闯关东》火了章丘朱家峪，《泰山石敢当》促进了泰山旅游，就连李克强总理在今年全国两会期间参加山东代表团审议时，都希望山东勇做“泰山石敢当”，无形之中又免费为泰山做了一次最有含金量的广告。这些创意策划，有的是无中生有，有的是故事传说，有的甚至只是个神话，却都创造了无限的财富。

民众创造无限，企业创新无限，网络创意无限，市场商机无限。政府的有形之手与市场的无形之手携起手来，就能惊喜无限。只要我们肯动脑筋，多想办法，真抓实干，坚持不懈，泉的文章一定会精彩无限。

苏东坡有首诗中说：“日啖荔枝三百颗，不辞长作岭南人。”不妨模仿一下，旧瓶装新酒：“千佛山下四时春，荷花杨柳次第新。日饮清泉十余升，不辞长作泉城人。”

（摘自2015年8月31日《济南日报》）

多说“行”少说“不”

徐先领

9月6日，在市委党校、市行政学院、市社会主义学院秋季开学典礼上，市委主要领导给参加进修培训的干部上了开学第一堂党课，也给全市各级干部上了一堂精彩的干事创业课。讲话特别强调，要坚决破除惯性思维，多说“行”，少说“不”，可谓一语中的、发人深省、催人奋进。

总的来说，我们的干部队伍素质作风都是过硬的。但也不难发现，不论是在重点工程、重点项目中，还是在安全生产、信访维稳中，或者是重大活动、专项整治中，不管什么事，只要一分解任务、落实责任，总是有人推三推四，摆出一大堆理由、强调一连串难处、提出一系列条件，潜台词其实就俩字：不行！

一事当前，一些人习惯说不，大多源于一个“怕”字。怕麻烦，怕干不了、干不好，怕出错担责，甚至怕出事问责，结果是不愿干、不想干、不能干、不敢干。困难问题面前，为官不为的“N不”型干部往往不是抢逼围，而是等要靠，甚至推拖躲。其实，好多事情越怕麻烦越麻烦，越想省事越费事，小拖大，大拖炸，错过了处理的好时机，失去了解决的主动权，等到了实在拖不过、绕不开、非解决不可的地步时，往往付出的成本更高、花费的代价更大。

当前，我市的经济社会发展势头很好，但问题和困难也不少。比如，招商引资难、项目落地难、拆迁难、融资难，以及民生需求的多样化、碎片化问题，逼着我们只能说“行”不能说“不”。

干工作办事情，往往说“不”容易说“行”难。一个“不”字就可以画上句号，省去了后面无数个“麻烦”，但无形中也等于与干成干好说了拜拜。日久天长，如果是个人，最多碌碌无为、虚度一生；但如果是单位，则丧失的是机遇、耽误的是工作、影响的是发展，贻害无穷。而说“行”，却需要大动脑筋、狠下功夫、多花气力、流泪流汗，像招商、拆迁等工作甚至还得放下架子和身段，拿出不达目的誓不罢休的劲头才成；像安全生产、项目建设等工作得抱定坚持不懈、坚定不移的信念才行。

多说行，不是喊出来的，而是干出来的。说行，靠的是过硬的能力、专业的素质、担当的精神、务实的作风和守纪律、讲规矩的底线意识，靠的是敢想敢试、敢打敢拼、真抓实干、勇于担当、善于创新的冲劲、闯劲、韧劲和干劲……同一片蓝天、同一个政策、同一座城市、同一个地区甚至同一项工作，为什么有的不但能干成干好，而且还能出彩？这其中，既有思想境界的问题、能力水平的问题，也有工作作风的问题、党性人性的问题。苟利国家生死以，岂因祸福避趋之。困难矛盾面前，做官做事与做人谁先谁后，对许多人来说都是一种抉择。

为者常成，行者常至。千难万难，干就不难。大路小路，有为有路。克服懒政庸政，解决为官不为，关键要用好纠风和用人两把利剑，为干事创业营造宽松良好的环境，为敢改革的担当、有担当的担当、重实干的担当。

巧合的是，同是9月6日，中国女排王者归来，力克日本队夺得2015年女排世界杯冠军。女排精神之所以备受推崇，最重要的就是不畏强敌、奋力拼搏。同样，多说“行”，少说“不”，也应当成为我们济南干部的精神。

（摘自2015年9月8日《济南日报》）

用“互联网+”加出现代新泉城

徐先领

一转眼，中秋节快到了。阿胶是走亲访友的佳品，那您知道一天网上能卖多少吗？1.3万斤。同一天，水蜜桃网上的销量16.4万斤、烧鸡是2.3万只。这是近日某知名网站专门做的一个统计。说“互联网+”是座金山银山一点也不为过。

自从电能为人所用，人类社会就开始了加速奔跑。电话、电视、电脑、电动汽车……直到今天，依然是“电+”时代，不过，在此基础上又诞生了一个新时代，“互联网+”时代！

互联网的创新成果与经济社会各领域的深度融合，产生了“互联网+”。“互联网+工业”是智能制造，“+商业”是电子商务，“+政务”是电子政务，“+城市”是智慧城市，“+国家”是智慧国家。同样，“+金融”“+物流”“+社区”“+农业”“+N”，在加出无数产业、产品的同时，这种新的生产力和原动力，也分分秒秒改变着我们的生产生活，促进着经济社会的加速发展。

互联网的应用化、普及化，已是不可逆转的趋势和潮流。物竞天择，适者生存。当下，“90后”“00后”是互联网的主体，他们的生活方式已彻底互联网化了。与此同时，各种草根创客如雨后春笋般冒了出来，一些产业、行业应运而生。其中，电子商务与快递业成了最耀眼的双子星。到去年年底，我国网民已达6.49亿，其中手机网民5.57亿，网络购物用户3.61亿。2014年，我国电子商务交易额达16.39万亿元，同比增长59.4%；仅去年“双十一”一天，淘宝交易额就突破了570亿元。随之而来的是产业链不断拉长，产业融合加速推进，支付宝、余额宝等“宝宝”产品闪亮登场，互联网金融成了产业新秀。今年以来，已有35位各大银行的高管转身P2P等互联网金融。甚至连“国脸”郎永淳、张泉灵、王利芬等大腕主播，离开央视后都首选拥抱互联网。同样，2014年，我国快递业收入2040亿元，业务量140亿件，连续4年增幅超50%，成为现代物流的主力军，李克强总理称它是中国经济的“黑马”，连续两年写入政府工作报告。正是看到了其中的无限商机，许多地方都把电子商务和快递业当成了香饽饽。

对济南来说，“打造四个中心，建设现代泉城”，哪个中心也离不了“互联网+”这个中心，e时代、创时代、网络时代、智能时代才称得上现代。开放、融合、聚焦三大战略，都需要“互联网+”这个战略来领跑。这方面，不只济南在行动，国家、省里及其他城市也在积极布局。2015年7月30日，省政府与阿里巴巴签订了战略合作协议，在跨境电子商务、农村电子商务、云计算与大数据等七个方面展开深度合作。6月25日《深圳特区报》同一版的两条新闻引人注目：一条是，6月24日国务院召开常务会议，部署推进“互联网+”行动；另一条则是，深圳龙华新区推出《龙华新区发展“互联网+”行动计划》《“智造龙华”路线图》等6个文件，提出要规划建设“互联网+”产业集聚园区，到2020年“互联网+”挂牌企业达到40家以上。

网络时代，瞬息万变；顺之者荣，逆之者枯。在新一轮产业革命、改革创新中，谁搭上了这班快车，谁就进入了快车道。奔跑吧，“互联网+济南”！让“互联网+”加出一个现代新泉城。

（摘自2015年9月10日《济南日报》）

万事“干”为先

韩家国

一次去某市调研，一个部门负责人如数家珍地介绍工作经验：“在实际工作中，我们既当指挥员，抽调人手集中办理，又当协调员，将上级任务层层分解，通过文件和电话传达到下级，层层抓落实。”笔者对这种“工作经验”不敢苟同。

现阶段，改革进入攻坚期和深水区，实干尤为重要，大量工作需要一级做给一级看、一级带着一级干，特别是那些重基础管长远的工作，需要“千斤重担众人挑，人人肩上有目标”，才能积小胜为大胜，真正实现预期目标。那种既当指挥员又当协调员的做法实际上是偷了工，减了料，数量上缩了水，质量上打了折，不仅容易引起基层的反感，更重要的是加重了“下面一根针”负担。

邓小平同志曾说过，世界上的事情都是干出来的，不干，半点马克思主义都没有。领导干部是两手叉腰喊破嗓子让干部群众“给我上”，还是甩开膀子带领干部群众“跟我上”，效果自然泾渭分明，干部群众自有公道评说。焦裕禄、杨善洲、文朝荣等老前辈之所以能在“人去后”仍然功绩卓著地“活”在“民意闲谈中”，是因为他们不是以“声”作则，而是以“干”为先，用毕生精力带领干部群众苦干实干，做出了经得起人民和历史检验的实绩，为我们做出了无声的表率。

习近平总书记讲，我们做人一世，为官一任，要有肝胆，要有担当精神。党员干部要牢固树立正确的政绩观，“拎着乌纱帽为民干事”，身先士卒，不怕吃苦，敢于担责，当好战斗员、办事员，真正“干在实处，走在前列”。要完善领导干部考核评价体系，让那些不畏艰难、真正扑下身子为民干事的干部不吃亏，让那些整天咋咋呼呼、尸位素餐、只擅长当“二传手”的干部没市场。

（摘自2015年《泉城瞭望》第9期）

“本领恐慌”症，咋治？

徐先领

综艺节目和知识竞赛中，常有一个抢答环节。下面，不妨也来个抢答，看看这几个词您了解多少？大数据、云计算、物联网、智慧城市、O2O、PPP、股权众筹、中国制造2025……都是啥意思？

这些看似眼生的“东东”，其实都是网络和媒体热词，也是领导讲过好多遍的高频词。隔行如隔山。如果不干这方面的工作，平时又用不着，知之甚少情有可原。但对从事相关工作的干部来说，就大不一样了！答对了，恭喜您，再接再厉。答错了，很遗憾，套用个网络流行语，您OUT了；如果因此倍感压力和惶然，说明得了一种“病”——“本领恐慌”症。

早在1939年，毛泽东同志就讲过，“我们队伍里面有一种恐慌，不是经济恐慌，也不是政治恐慌，而是本领恐慌。过去学的本领只有一点点，今天用一些，明天用一些，渐渐告罄了，好像一个铺子，本来东西不多，一卖就完，空空如也，再开下去就不成了，再开就一定进货。”这些话，虽是针对当时干部队伍的状况提出来的，但至今仍振聋发聩，观点并不过时。对“本领恐慌”，习近平总书记指出，在党内相当一个范围、相当一个时期都是存在的。全党同志特别是各级领导干部，都要有本领不够的危机感，都要一刻不停地增强本领。

“本领恐慌”本身并不可怕，可怕的是它的连锁反应，能力不足，水平不够，工作推不动、局面打不开、发展上不去，经济社会指标该上扬的不上扬，该下降的不下降，这才是个大问题。

当前，我市改革发展稳定的任务繁重。一方面，新任务、新要求需要新作为、大作为，另一方面，新情况、新事物层出不穷。有的干部对干好工作有愿望、有干劲，但不懂行、不在行、不内行，专业能力不强、素养不够，结果找不到路子，摸不着门道，力不从心、事与愿违。有的干部习惯“吃老本”，不与时俱进，面对新常态和经济下行压力，束手无策，茫然无措；对稳增长的新挑战，办法不实用、措施不具体；对国家棚改旧改、“互联网＋”等方面的新政策，跟进不主动、争取不积极；对 PPP、O2O 等市场化的新办法，研究不深入、应用不充分，成了南郭先生和“吴用”先生。

不过，不用担心，“本领恐慌”症不但可防而且能治，治好后受益终生。但如果讳疾忌医、病入膏肓，即使不被干部制度罚下场，也早晚会被网络时代淘汰掉。不会“触网”，寸步难行。网络时代的文盲，不是学历低的人，而是学力低的人，是那些不勤于学习、不善于实践、不勇于接受新事物的“网盲”。

没有金刚钻，揽不了瓷器活。过硬的专业能力和素质，是履职尽责的基本功和干好工作的看家本事。说一个干部有能力、有水平，主要体现在哪儿？说白了，不就是工作的专业水准嘛？有上树的真功夫，才能在攻坚克难中顶上去，拿出两把刷子，干出个样子。其实，不管什么事，只要真想干，就能千方百计想出办法来；不想干，也总能自圆其说找出理由来。

心动嘴动，不如行动。有则改之，无则加勉。我们每个干部都应当“一刻不停”地加油充电，干中学，学中干，尽快成为工作上的行家里手、专家能手和一把好手，跟上节奏，达到要求，干到实处，走在前列。

（摘自 2015 年 9 月 15 日《济南日报》）

干部，既要干净又要干事

徐先领

9月21日，中纪委监察部网站消息，辽宁省纪委通报近期查处的6起党员干部“不作为、不担当、乱作为”典型问题；9月14日，监察部公开曝光4起失职渎职典型问题……

无独有偶，近日，中央出台新规推动干部能上能下，给“不敢担当、不负责任，为官不为、庸懒散拖，干部群众意见较大的”干部戴上了不限量版的“紧箍咒”。

为官避事平生耻。干部当以干净为先、干事为荣。面对一系列的重拳出击和雷霆行动，可以预见，铁腕治吏，重典革弊，督促各级干部履职尽责、担当创新、奋发有为，做改革的实干家与促进派，言必行、令必果，持续加力加压加码，严格问责、严查快办，将成政治新常态。

其实，习近平总书记早在浙江任职时，就曾掷地有声地提出，干部要拎着乌纱帽为民干事，而不能捂着乌纱帽为己做官。2014年10月，在党的群众路线教育实践活动总结大会上，习近平总书记又严正告诫，干部要在其位谋其政，既廉又勤，既干净又干事，同时，对为官不易之类的言行提出了严肃批评。今年3月，在全国两会上，李克强总理明确要求，对为官不为、懒政怠政的，要公开曝光、坚决追究责任。

把这一连串的信息联起来看就会发现，有权必有责，用权受监督，失职要追究，事实上早已广而告之。惩贪治庸，两手抓两手硬，将是一条驰而不息的主线。对当官不干活，干事不尽职，该负的责不负，该干的事不干，持续保持高压态势，有责必问，问责必严，摘帽子、挪位子、打板子，已是近在眼前、随时落下的利剑了。如果再把这些三令五申的要求当作耳边风，不当回事，只能说是往枪口上撞，想试试火力。

干部本来就是干事的，啥也不干，要你干啥？啥也干不好，为啥让你干？有为才有位，在位必有为，不为要问责，无为就让贤。为了不出事、干脆不干事式的为官不为，已经不再是避风港和隐身衣了。

如果说贪腐是致命伤，那庸政就是慢性病。对干部来说，除了功过成败之外，还有一种状态叫不在状态。做人做事不实在、不实干、没实绩，这样的干部与贪污自己的职责又有什么两样？表面看是左右逢源、人畜无害的老好人，实际却是耽误工作的绊脚石，贻误发展的软腐败，难以拔掉的软钉子。

纪晓岚在《阅微草堂笔记》中讲过这样一个故事：有个官员死后，在阎王爷面前自称一辈子不沾不贪，所到之处只饮一杯清水，自认无愧鬼神，理直气壮地请求来生再去做官。不料阎王爷却讥笑他说：如果不贪就是好官，那在公堂中摆个木偶，连水都不用喝岂不更好？这人辩解道，我虽无功但也无过。阎王爷大怒，历数他做官三年，无绩可求，纯是混子油子一个，竟敢再求什么来世为官！

干部不但要干净，更要干事，不只是个好人，更要是个好官。干净只是最起码的底线，干事才是最根本的职责。不干净迟早要出事，不干事肯定会误事。同样，老百姓眼里的好官、济南改革发展需要的好官，不是不贪不沾、也不干事的庸官、混官、太平官，不是台上一套台下一套、边干事边贪腐的阴阳官，更不是胆大妄为、什么都敢干的贪官，而是既干净又干事、真干实干、敢干会干的好干部。

当前，济南的发展正处于关键期、爬坡期，一天也不能犹豫，一刻也不能放缓。要想大发展、快发展，治庸治懒刻不容缓，非零容忍不可，不狠一点不行，只有这样，才能让庸官懒官无处遁形。

（摘自 2015 年 9 月 23 日《济南日报》）

多为干事想办法，少为避事找借口

徐先领

“有的不干事、怕担事，不尽责、怕负责，为官不为”；“有的责任缺失，怕事误事不成事”；“有的怕事不干事，有责不尽责”……这是日前山东省委巡视组对我市部分县（市）区第二轮专项巡视后，在反馈意见中提出的问题。

虽然反馈的问题各不相同，但其中都有个“怕”字，正是这个“怕”字，点中了要害。虽然个人得失与百姓福祉孰轻孰重一目了然，“我要干”还是“要我干”的选择并不是多难，但面对小我与大我，个别人还是选择了退缩与回避。看见困难就低头，遇到矛盾绕着走，能拖就拖，能推则推。只要过得去，哪管过得硬；为了不出事，干脆不干事，成了明哲保身的“护官符”。

为官避事平生耻。几千年来，但凡有情怀、抱负的官员，大都有几分“苟利国家生死以，岂因祸福避趋之”的担当。今天的党员干部又该如何呢？习近平总书记在浙江任职时就曾给出答案：干部要拎着“乌纱帽”为民干事，而不能捂着“乌纱帽”为己做官。

新常态下，多种矛盾相互交织，多重压力相互叠加。面对经济社会发展中的矛盾与问题、群众的呼声与需求，面对互联网时代机遇稍纵即逝、时不我待的发展势头，面对经济下行压力持续加大、城市建设管理难度不断增加，以及征地拆迁、招商引资、项目建设、城市交通、环境治理、安全生产等逆水行舟、不进则退的难题，我们更应当多几分担当，少一些顾虑，多一点拼劲与干劲，少一些权衡与算计。

习近平总书记多次强调，干部要有担当，有多大担当才能干多大事业，尽多大责任才会有多大成就。不能只想当官不想干事，只想揽权不想担责，只想出彩不想出力。干部不但要干净，更要干事；不只是个好人，更要是个好官。干净只是最起码的底线，干事才是最根本的职责。干部本来就是干事的，啥也不干，要你干啥？啥也干不好，为啥让你干？有为才有位，在位必须为，这是天经地义的事情，也是干部该有的本色。

敢担当，勇创新，善创业；面对困难与矛盾、挑战与压力，胆大心细而不是无所顾忌、胆大妄为，置党纪国法于不顾。在科学务实的基础上，工作的魄力越大越好，但有些方面则胆子越小越好。明底线、知敬畏、守纪律、讲规矩，与大胆闯、大胆试、大胆干并不矛盾。规矩纪律既是底线、红线、高压线，也是警戒线、安全线、保护线；既是担当者的坚强后盾，也是刺向胆大妄为者的利剑与投枪。只要心中有党、心中有民、心中有责、心中有戒，在大胆干事与胆大妄为之间，就自然能分得清、看得明、把得准。

多为干事想办法，少为避事找借口。干工作、办事情，只要想干成、干好，就一定能千方百计找出办法来，并且会坚定不移地走下去、干下去。反过来，只要怕担事、怕负责，也总能想方设法找出理由，一拖再拖地拖下去，一推再推地推出去。

革命战争年代，怕死不当共产党员，提着脑袋闹革命，是党员干部最朴素、最坚定的信念。那和平发展时期呢？经济社会、民生事业的一线就是主战场，改革发展中的各种难题和矛盾就是最直接、最现实的考验。新形势、新任务、新要求下，我们每个党员干部也应当响亮地喊出："怕事"不要当干部，"怕事"不是好干部！

（摘自 2015 年 10 月 15 日《济南日报》）

党员干部要培育敬业精神

孙启桓

小农经济曾在长达两千年的时间里作为我国的基本经济模式存在，自给自足的农民占国家人口的绝大多数，但其生产活动的最主要目的是维持个人的温饱生存，这一角色更像是一种身份，而非一种职业。农民之外，长期“抑商”政策之下，工商业从业者缺乏独立性，而官僚和军队则是为维持统治阶级合法剥削而运转的国家机器。

可以说，这样的社会背景，决定了历史上的中国难以培育出深厚的“敬业”精神。事实上，1949年，真正意义上的新式政府体系建立，社会结构变化后，“敬业”才成为社会分工和经济生产中的一种必备社会品质和精神风貌。

我国敬业精神产生和发展时间如此之短，敬业文化的历史底蕴如此淡薄，要在短短数十年的时间内使其深入人心，成为一种国民品质，其难度可想而知，对其进展速度也不能期望太高。

然而，随着物质文化生活的繁荣，“敬业”精神缺失的弊病，却广泛而深刻地影响着我们的当代生活。以“为人民服务”的政府官员为例，脸难看，事难办；手续繁杂，审批困难；能拖则拖，效率低下；安全监管部门玩忽职守，食品安全、工业生产安全问题频发；监管严重缺位，“豆腐渣”工程频出等，与敬业精神缺失难脱干系。

近两年来，国家大力推行“简政放权”“推动政府职能由管理型政府向服务型政府转变”等政府改革行动，正是国家意识到公务员群体敬业精神集体缺失造成的危害，而进行的一次广泛而深刻的变革。在这场变革中，公务员群体要摆正其“人民公仆”的位置，增强广大人民群众的主体地位。

而“党的群众路线教育实践活动”，和作为党自我纯洁的准则而存在的《中国共产党廉洁自律准则》，则是一场全党敬业，尤其是党员干部敬业教育的革命。党员干部自身能否坚守道德底线、坚定敬业精神，关乎人民福祉、政党前途与国家命运。随着近年来反腐倡廉运动和政府转型改革的不断深入开展，国民尤其是党员干部的社会责任和敬业精神需要不断提升。

（摘自2016年3月21日《济南日报》）

莫拿中庸当隐身衣

徐先领

近日，中组部通知要求，深化“三严三实”专题教育，着力解决基层干部不作为、乱作为等问题。日前，山东省纪委监察厅网站发布消息，潍坊市纪委通报6起“为官不为”典型问题。此外，中纪委监察部网站最近也频频出现类似消息。

从这一系列信息来看，党纪严于国法，把纪律挺在前面，正风肃纪、惩贪治庸，两手抓两手硬，将是今后驰而不息、坚定不移的主线。我们相信党纪监察只会越来越严，不断加力、加压、加码，并且像热传导一样迅速传递到毛细血管和细胞。每个干部都应当明大局、知大势，打消任何徘徊观望、松气歇脚的念头。令人遗憾的是，工作中类似的情况并不鲜见。南郭先生、好好先生、吴用先生、无所谓先生、差不多先生……不只是一两个；思想僵化的自闭症、惯性思维的依赖症、工作协调的推诿症、推进落实的梗阻症、作风散漫的疲沓症、无视大局的本位症、工作不力的借口症、履职用权的任性症、应对公众的失语症……也不只是极个别。

这些人大多有个共同的喜好，凡事以中庸自诩，爱讲中庸之道。其实，中庸不等于平庸，别拿中庸掩盖平庸。中庸是做人做事的至高境界，是恰如其分、恰到好处的理想状态和尺度。不管中庸还是中庸之道，都是一种大智慧，对干部来说都是领导艺术与管理科学，绝不是尸位素餐的托词与借口。

把平庸当中庸，是对中庸的曲解和庸俗化。不管平庸穿上多漂亮的马甲，都掩饰不了能力不足、水平不够、专业素养低、为官不为、不敢担当的本质。

在其位不谋其政，任其职不担其责，还美其名曰中庸，如果中庸会说话，一定会抗议：凭啥把我当马甲呀?!

相比于贪腐的黑白分明，庸政则穿上了隐身衣。其实庸政之害甚于贪腐，一旦在一个地方形成气候，一池活水往往变成一潭死水，劣币驱逐良币式的逆淘汰，最终逆的是政治生态。

庸政懒政之疾，根在制度缺失。长期以来，问责大多聚焦于“硬伤”，像安全生产、突发事件以及造成重大损失、引发社会问题与连锁反应的各类严重事件。庸政、懒政、怠政等“慢性病”则缺乏有效的监督问责，在一定程度上导致了庸政懒政之疾的传染蔓延。

“帽子”是庸官的命根子。在强化问政的基础上问责追责，对为官不为者亮剑，把那些见困难就躲、遇问题就绕、有麻烦就传的“传达室大爷”请下台，把那些得过且过、不负责任、不干实事的庸官、混官、懒官、太平官、逍遥官、滑头官刷下来，才能破除干多干少一个样、干和不干一个样的怪圈。

激浊还需扬清，崇实更要尚贤。树立正确的用人导向，旗帜鲜明地鼓励实干，让想干事的有机会、能干事的有平台、干成事的有地位，形成能者上、庸者下的政治生态，才能砸破铁交椅，惊醒熬官梦，冲破官本位。

群众的眼睛是雪亮的，对庸政懒政看得最清、感触最深。群众的参与度越高，庸官就越无立足之地；监督大网织得越密，权力运行越公开透明，庸政就越无藏身之处。

根治庸政懒政“机关病”，既应依靠外力，更当激活内力，调动干部自己的积极性，激发干部自身的正能量，让干部自觉主动地与能力平庸说不、与世故圆滑说不、与避事推责说不，按规矩办事，凭专业说话，用实干证明，靠实绩进步，才会从根本上少一些中庸族、逍遥派与旁观者，多一些实干家、促进派与力行者。

（摘自 2015 年 10 月 21 日《济南日报》）

就应该这样“拉出来遛遛”

庄云锋

前不久听说了两件事。第一件事，在市委书记王文涛以普通党员身份参加相关党支部的组织生活会上，大家谈到市委正在不断完善的“大督查”机制时，市委常委、秘书长杨峰说：要瞪起眼来、恶狠狠地抓督查。随后，王文涛接过话题，说：还要加上几个字，要瞪起眼来、恶狠狠地、六亲不认地抓督查。第二件事，王文涛在关于二环路征收拆迁时限等情况的报告上，做出了一则长达200字的批示，痛斥“时限多次延迟调整达九次之多，视时限如儿戏”。并连发两问：问责机制启动了吗？考核挂钩准备好了吗？

从今年3月27日到任以来，这位被济南老百姓亲切地称为“大个子书记”的王文涛，已经在泉城生活了200多天。外表温文尔雅的他，让人们看到了一位南方干部的精细礼节，而他逐渐显现出的工作作风和所具有的火热内心，又不乏“山东大汉”的性格特点。

11月2日，在王文涛的倡导下，全市重点项目建设督查评议活动拉开序幕。这种四套班子领导参加、各县（市）区党政一把手随同的大规模观摩活动，在近几年甚至若干年前早有此举，然而不同的是，这次活动更像是一次“考试”——

“考试时间”为每个县（市）区和高新区两小时，从进入辖区内开始计时，如果超时将“收卷”，终止在该区域的剩余考察；

“答题标准”为“大”“新”“特”，杜绝“小”“旧”“平”；

“阅卷方式”为集中打分，现场察看结束后，召开总结评议大会，由参加现场察看人员对各县（市）区、高新区综合打分；

“成绩运用”为按一定权重纳入济南市重点工作专项考核。

其实这种督查评议活动在全国并非首创，在有据可查的2011年南昌市委十届二次全体（扩大）会议上，就提出了这种“三看三不看”的集中活动，就是看谁的项目多、谁的项目大、谁的项目进展快。从2012年开始，几乎每年都有这么一次“大型会考”，而当时的“主考官”就是王文涛。

俗话说，是骡子是马拉出来遛遛。那些“癞蛤蟆跳到脚面上——不咬人咯硬人”的“假大空”项目，既不是发展需要的项目，更不是老百姓能得实惠的项目。“看新不看旧”，看的是增量和后劲；“看大不看小”，看的是贡献率和支撑力；“看特不看平”，看的是适应力和鲜明度。“没事走两步”，让城市看看，让群众瞧瞧，到底是不是正经八百的那个走法。

俗话说，钱压奴辈手，艺压当行人。同样是干一个行当的人，你会的我会，我会的他会，他会的你会，大家统统都会。这不叫本事。真正的特长是：你玩的这手儿是绝活儿，别人谁也白给，谁也不行，别人难以望其项背。“不符合环评标准的不看、有违法违规记录的项目不看、尚未落地开工的项目不看、住宅房地产项目不看。”这种只看“干货”不看“水分”的要求，与“创新、协调、绿色、开放、共享”的发展理念高度吻合。

俗话说，功成不必在我。大项目好项目，不可能一蹴而就，需要各级甚至几任领导持之以恒地呵护培育而成，描绘形成“开始有苗头儿，发展有势头儿，观摩有看头儿，最后得甜头儿”的美丽过程。但是，“功成不必在我任”却成了有些领导推脱责任、不敢担当的借口。稍有成就就万事大吉、裹足不前，外商进来就被打成“内伤”，项目引进来能否落地与己无关，项目落了地能否开工建设与己无关，项目开工了能否发展好与己无关……面对难得的发展机遇也不思进取，甚至心怀鬼胎，把“功成不必在我任”变成“功成不能留后任”。接力比赛，每一棒都至关重要、不可或缺。任何一棒懈怠，都会导致整个比赛溃败。如果没有第一棒的良好起步，没有第二棒的平稳过渡，没有第三棒的加速超越，就没有第四棒的完美冲刺。手握第一棒，就要甘做奠基者；手握第二棒，就要勇做开拓者；手握第三棒，就要争做超越者；如果有幸手握第四棒，那就奋力做个冲刺者，拼尽全力不让胜利旁落。

改革是以问题为导向，发展是以项目为导向。项目好不好，不仅要看领导的评判、同事的评价，更应让群众说话，接受全市人民的检阅，邀请群众代表给予“点赞”或“差评”，划分权重，杜绝“同僚相惜”“上下相怜”的现象。比武论英雄，裁判有高分、观众有喝彩、对手心里服，才是真英雄。

愿这种“拉出来遛遛”成为济南发展新常态。

（摘自2015年11月5日《济南日报》）

领导干部不能丢掉读报的好传统

易艳刚

领导干部媒介素养的高低，直接影响其领导能力、决策水平。然而，如今有些领导干部在思想上出现偏差，误以为只要看手机和网络就啥都知道了，逐渐丢掉了读报、看主流新闻的好传统，甚至还有少数领导干部“以不看报为荣”。在这样的背景下，贵州省委书记陈敏尔近期所说的“一些领导干部对八卦消息很关心，对党的声音不上心，迟早要出问题”，值得所有领导干部警醒。

尽管媒体行业正面临一些挑战和危机，但主流媒体依旧是宣传思想文化工作的重要阵地。中央的重要政策、决策、声音，每天都会通过主流媒体传递给全社会。坚持看报、看主流新闻，能够指导工作、增长知识、获取权威信息。各级领导干部、管理人员，应该主要从主流媒体领会中央治国理政的大思路、大布局，掌握党的执政精髓，把握工作的轻重缓急。

但在社会生活中不难发现，不读报、不看主流新闻却热衷传播八卦、段子的领导干部不在少数。一些领导干部在饭局上谈起小道消息和八卦新闻眉飞色舞，但上台讲话时离开讲稿却腹中空空、语言贫乏、思想苍白。中央的一些好政策在地方难以落地生根、开花结果。一些地方领导吃不透中央精神，出台的政策、采取的措施甚至与中央决策南辕北辙，都与领导干部丢掉了读报看新闻的传统有一定关系。

诚然，手机、网络等新媒介的繁荣，深刻地改变了当前社会的舆论格局，也让包括领导干部在内的所有人获取信息的渠道更加多元丰富。但必须看到的是，由于网站、自媒体的信息发布门槛较低，网络舆论场充斥着各种断章取义的“标题党”、真假难辨的小道消息，甚至还有不少谣言。如果社会精英像一般公众那样，长期浸淫于各种纷乱复杂的八卦、花边新闻中，价值取向容易发生偏差。

我们当然不是主张领导干部远离网络，而是希望每个领导干部都能认识到，领导干部要坚守主流价值观，跟上中央治国理政的新思路，对大事和大势心中有数，不能靠手机上的小道消息，不能靠微博微信上的碎片化信息。如何才能在纷扰的舆论新格局中保持清醒头脑而不迷失方向？阅读时政报纸，关注主流媒体，是领导干部必不可少的基本功。

因为就目前而言，不管新媒体表面看起来多么风光，大多数新闻资讯还是传统媒体提供的。实践证明，主流媒体，包括传统党报党刊，仍然是当前准确全面传递、解读党的声音，正确引领舆论的“定海神针”。

习近平总书记曾经多次强调，事业发展没有止境，学习就没有止境。把握改革发展稳定大局，做好方方面面的工作，“必须大兴学习之风，坚持学习、学习、再学习，实践、实践、再实践”。坚持看报、看主流新闻的好传统，就是领导干部在日常生活中贯彻学习理念、在思想上努力与时俱进、在行动上与中央保持一致的内在要求，对领导干部自觉做到忠诚、干净、担当也大有裨益。

当然，在呼吁领导干部坚持读报看新闻好传统的同时，主流媒体也要与时俱进。特别是传统主流媒体，更要主动了解传播新语境、新语态、新规律，像习近平总书记要求的那样，把握新闻宣传的时、度、效，改变饱受诟病的“八股文风”和空泛的老套路，认真践行“走转改”，创新报道方式，增强吸引力。

（摘自 2015 年 11 月 13 日《济南日报》）

防霾治霾，唯有行动别无选择

惠铭生

有人形象地比喻：人，是游在城市里的鱼，每天享受着城市的文明与繁荣，自由自在，幸福而又快乐。

现在城市这个“大容器”变脏了，那么，“鱼儿”的幸福与快乐又将去哪儿找寻？

最近一段时间，霾锁泉城，到处都雾蒙蒙的，能见度很低，人们置身其中，不胜烦忧，备感苦涩和惆怅。

看数据，更是令济南人脸红——9 月份，济南的空气质量在环保部通报的 74 个城市中倒数第一，1 到 9 月份中只有 2 月份没有在倒数前十名。最近，10 月份空气质量排名再现：济南在全国 74 个城市中仍居末席。事已至此，防霾治霾，济南唯有行动，已别无选择和退路。

不治霾，深受“霾害”的泉城市民，将情何以堪？发展是为了人，否则就没有意义。雾霾频袭，市民饱受“霾害”之痛，幸福无从谈起。

不治霾，“霾害”会让济南的形象蒙垢，进而削弱城市软实力，削弱城市竞争力，在全国城市百舸争流中落得下风。让外来旅游者望“霾”兴叹，让投资者望“霾”却步。如此，城市发展便会因缺乏后劲而乏力。

不治霾，“霾害”会让“美丽泉城”变得名不副实，遑论打造“现代泉城”？而且，也会阻滞省会济南向率先建成“小康社会”迈进的步伐。

一句话，济南治霾，不治不行，治晚了不行，而且不以“壮士断腕”的精神和魄力治霾也不行。“兰州经验”“河北经验”“临沂经验”……诸多成功的治霾先例告诉我们：雾霾能治，但前提是“铁腕”。治霾，不能是温文尔雅、隔靴搔痒，更不能是搞花架子、玩花拳绣腿。否则，重返蓝天白云，无异于痴人说梦。

“见兔而顾犬，未为晚也。”近段时间，济南市委、市政府高度重视大气污染防治工作，采取了多种措施，破釜沉舟，“断腕”治霾，这值得期待。我们也坚信，只要各职能部门认真监管，企业有良心，公众有责任心，大家齐心协力，真刀实枪，共同行动，那么，雾霾就不会成为不治之症。

不可否认，长期被雾霾烦扰的不仅仅是济南，霾锁小半个中国原本是常有之事；不可否认，雾霾无省界、市界，有些污染是外地“飘”来的，而非都是济南“生产”的；不可否认，济南的特殊地形地势易成霾，却不利于散霾；不可否认，济南空气质量所谓的“全国最劣”，实际情况是——选取的标本在山东只有济南和青岛。如果与山东其他市比，济南的“气质”处于中游。

但也不可否认，济南霾重，自身成因不可小觑。如个别污染企业迁不走，对施工企业扬尘管不住等。所以，防霾治霾，我们不能怨天尤人，在全国治霾“一盘棋”的当下，济南迅速行动起来，“断腕”治霾，是须臾不可等待的民生诉求，是优化城市发展环境不可或缺的一个选项。

“断腕”治霾，就是要拍案而起，坐言起行，敢向各种行政不作为“开刀”，敢向监管对象使用“铁腕”，敢于向治理难点“叫板”，更敢于立“军令状”——让蓝天白云常驻，不让公众等得太久、太久！

（摘自2015年11月18日《济南日报》）

敢作敢当真豪杰

庄云锋

既敢做，又敢当，是条汉子；你敢做，只要不违纪不违法，顾大局为人民，我就敢为你担当，这是真豪杰。昨天闭幕的市委十届九次全会上，省委常委、市委书记王文涛近乎“演讲式”的总结讲话，告诉人们，济南在“打造四个中心，建设现代泉城”的道路上，“为敢于担当者而担当”的决心之大。

世间处处有担当。父母养育子女，是责任担当；子女赡养老人，是义务担当；“不能报国安天下，枉为男儿大丈夫”，是为国担当；“兵为将胆，将是兵魂”，是相互担当……“为敢于担当者而担当”，这既是为脚踏实地、真抓实干的担当者“树正气”，又是为临危不惧、舍我其谁的担当者“显豪气”；既是为奋发有为、积极进取的担当者“鼓勇气”，又是为敢于拍板、处事果断的担当者“增底气”。有担当，不是一句空话，需要有担当的能力、担当的本事、担当的毅力，只有这样，才能实现有效担当、持续担当。担当者挑起的是一副担子，可赞；为担当而担当者挑起的是两副担子，更加可敬。

担当为民，风雨可度。我们党九十多年的发展史，就是一部为人民利益而奋斗的“担当史”。这种担当是一种坚定的选择，没有这种始终如一的选择，没有来自于人民、植根于人民、服务于人民的坚定信念，我们党就不可能在无光的黑暗中开辟出一条崭新的道路，就不可能创造与过去几千年全然不同的历史，就不可能把中国人民的自由幸福推向一个前所未有的高度。前不久，市委、市政府在对轨道交通线网规划进行专题研究时，重点强调：要坚持保护泉水优先于轨道交通建设的原则。要“为人民，俯首甘为孺子牛；为保泉，轨道交通要抬头”。凡是有可能破坏泉脉、影响泉水喷涌的线路，都要“抬起头”来走地上，这一点不容商量。也许轨道交通建成后，与其他先进城市相比，我们会有些不足和遗憾，但是为了历史、为了泉水、为了城市，老百姓不会埋怨，相反会为这种担当而担当。为民担当，风雨可度！

担当危难，英雄本色。实践证明，发展的道路从来都不是一条直线，有时顺畅，有时艰险，有时荆棘密布，有时百花怒放。顺境不惰、逆境不馁、险境不怯、佳境不骄，都需要我们用担当来实现。在顺境、佳境时，有担当不容易；在逆境、险境时，敢担当更不容易。当前，我市存在工业经济不强、对外开放力度不大、民营经济发展不快、县域经济发展不好等“四大短板”。补齐短板，需要挺身而出，担当不足。我们常常面临着诸多的“既要怎样、还要怎样、也要怎样、更要怎样”等多种工作、多种兼顾，任务艰巨、矛盾重重，这种情况下，就要用智慧的方法，明确“最要怎样”，保持“处乱不惊、统筹兼顾、方法灵活、果断及时”的处事方法，拿出“担当急难险重”“担当非常时期”的勇气和魄力。艰难之时勇担当，方显英雄本色。

担当实干，为心无愧。改革发展的过程，就是破瓶颈、碎坚冰的历程，就是脚踏实地、真抓实干的实践。世界上的事情都是干出来的，不干，半点马克思主义也没有。有一种腐败叫“硬腐败”，就是贪污受贿等违法违纪行为；有一种腐败叫“软腐败”，就是“假实干”，它对一个肌体而言，就像一种“慢性病”，不会马上致命，但会逐渐地消耗肌体机能，需要一辈子抱着“药罐子”。我们应该对那些“假实干”的“稻草人”坚决予以清除，对那些“假清醒”的“装睡人”坚决棒喝叫醒，对那些“假老实”的“老好人”坚决予以纠正。用真心实意、无私忘我的实际行动，来锻造一颗无愧于自己人生的心。

一个时代有一个时代的使命，一代人有一代人的担当。拿出我们的担当，做一名敢作敢当的真豪杰！

（摘自 2015 年 12 月 13 日《济南时报》）

个体有担当　城市有力量

王　彬

在近日召开的市委十届九次全体会议上，省委常委、市委书记王文涛给广大党员干部上了一堂生动的“担当课”。在谈到为何要“为敢于担当者而担当”时，王文涛指出，为敢于担当者而担当，决定着我们能否实现艰巨繁重的目标任务，能否营造干事创业的良好环境，能否建设风清气正的政治生态，对全市经济社会发展具有极其重要的意义。这堂精彩的“课”迅速引爆泉城，街头巷尾皆是点赞声，朋友圈里、社区论坛都是欢呼声。

普通群众点赞，是因为大家期待有担当的干部越来越多，为城市干实事、为群众办好事，无论是遇到艰难险阻，还是碰到糖衣炮弹，都能不为所动，对得住“人民公仆”这个响亮的称呼。如此，群众才有更美好的生活。

党员干部点赞，是因为大家再也不怕因为担当而担责，可以甩开膀子、一往无前，大胆地去闯、大胆地去试，在火热的实践中接受洗礼、增长才干、锤炼作风、大展身手，努力创造出无愧于党和人民的新业绩。如此，城市才有更广阔的未来。

担当，在不同层次、不同领域有不同的体现，从不同角度、不同形式有不同的认识。“一人做事一人当”，是普通百姓对担当率直快意的表达；“天下兴亡，匹夫有责”，是仁人志士丹心报国的担当誓言。“打造四个中心，建设现代泉城”，是一座城市向时代担当的庄严承诺；“为担当者担当”，是执政者为城市担当的大气与豪迈。

一个时代有一个时代的使命，一代人有一代人的担当。马克思说过：“每个时代总有属于它自己的问题，准确地把握并解决这些问题，就会把理论、思想和人类社会大大地向前推进一步。”应该看到，当前和今后一个时期，既是济南实现跨越发展、铸就济南梦的辉煌历程，也是需要我们克服重重困难、付出艰辛努力的拼搏历程。新的时代需要新的精神，尤其需要勇于担当的精神。在这样的关键时期，比以往任何时候都更加需要全市广大党员干部勇于担当新的任务、勇于担当新的实践、勇于担当新的发展，更加需要各级组织、各级领导为敢于担当者担当。

桥的价值在于能承载，人的价值在于能担当。担当是一种品质、一种意志、一种价值。这种品质，是责任面前的无私奉献，是功名面前的淡泊明志，是对党尽忠、对民尽责、对事业尽力；这种意志，是面对矛盾敢于迎难而上、面对危机敢于挺身而出、面对失误敢于承担责任、面对歪风邪气敢于坚决斗争；这种价值，是在纵横捭阖中成就一番事业，在为民立命中服务群众。担当作为人格的核心特质之一，可以派生出诸如信用、忠诚、自律、自强等许多有助于社会和个人发展的重要特质。不讲担当，则很难谈得上信用、忠诚、自律和自强。担当与成功如影相随，追求有所建树，必须坚持有所担当，这是实现人生价值和成就事业的不二法则。因此，普通人需要担当，党员干部更需要担当。

个体有担当，城市有力量。全市“打造四个中心，建设现代泉城”的蓝图已经绘就，让这个蓝图变现，需要全市广大干部群众顺应时势、勇立潮头，担当起新的重任，在担当中披荆斩棘、建功立业。

（摘自 2015 年 12 月 14 日《济南日报》）

唯有敢于担当方可克难攻坚

王端鹏

敢于担当是一种珍贵的品格，更是一种难得的勇气。何为敢于担当者？山东省委常委、济南市委书记王文涛在市委十届九次全体会议上这样为敢于担当者“画像”：“敢于担当，不是相安无事时的闲庭信步，而是关键时刻的奋不顾身，在矛盾、困难和挑战面前不犹豫、不动摇、不退缩，真正做到面对矛盾敢于迎难而上、面对危机敢于挺身而出、面对失误敢于承担责任、面对歪风邪气敢于坚决斗争。”我们就应该为这样的人而担当。

追古溯今，人类社会的进步与发展从来都是螺旋式上升的进程，在矛盾产生与矛盾解决中不断汲取前进的动力。进步之路固然不平坦，但像当前这种“既要怎样、又要怎样、也要怎样、还要怎样”的叠加式多难选择、多重困境极为少见。如何在这种看似悖论、相互矛盾甚至动力常与阻力相互抵消的复杂环境中加快发展？唯有依靠敢于担当者的一马当先、冲锋陷阵、攻城拔寨，唯有依靠广大干部群众的齐心协力、前仆后继、克难攻坚。

冲锋陷阵体现的是一种豪气。敢于担当者，必能临万难而不惧，敢于一马当先、冲锋陷阵。当前改革发展前进的每一步，都是靠啃硬骨、拔尖刺、破坚冰换来的。破除体制机制障碍必然触及部门利益，加快城市建设发展必然涉及征地拆迁，生态文明建设必然牵动经济转型升级，增加固定资产投资必然牵涉招商引资……细数经济社会发展的每项工作，都各有各的难处、各有各的关键、各有各的矛盾。想轻轻松松干好这些工作基本不可能，想不费吹灰之力解决难题更是奢望。在危难险重面前，唯有依靠冲锋陷阵者冲在最前面，方能突出重围、扭转战局。冲锋陷阵者有“首战用我、用我必胜”的豪气，有敢打敢拼、舍我其谁的气场，他们是“尖刀排”、是“突击连”。党员领导干部要做“冲锋者”的后援，为这样的人担当。

敢于亮剑体现的是一种勇气。敢于担当者，必能临危难而果敢，敢于亮剑、敢于出招。困难与危险面前，领导干部的表现与反应决定了自己的“属性”。是时刻处于亮剑状态的“勇斗士”，还是该亮剑却找不到剑的“滑头官”？是亮剑便能一击制敌的“高手”，还是即使亮剑也找不到方向和要害的“庸才”？答案全在自己。“每一名党员领导干部都要自觉做敢于‘亮剑者’，努力修炼成侠肝义胆的剑客。”但凡“亮剑者”亮剑攻城制敌，必定遭遇坎坷、历经万苦，大多会疲惫不堪、伤痕累累甚至身陷险境。党员领导干部要做“亮剑者”的后盾，为这样的人担当。

勇于改革体现的是一种锐气。敢于担当者，必能临深渊而从容，勇于改革、敢于创新。改革征程长路漫漫，做一名勇者方可披荆斩棘、越难越进。何为勇者？前有硬骨头，敢啃！前有地雷阵，敢蹚！前有高山险峰，敢登！他们的耳边时刻回响着一句话——“不管前面是地雷阵还是万丈深渊，我都将勇往直前、义无反顾，鞠躬尽瘁、死而后已”。他们坚毅的脸庞上可看出一种信念：坚忍不拔才能胜利，半途而废一事无成。他们粗犷的嗓音中可以听到一种呐喊：“开弓没有回头箭，改革关头勇者胜。”他们不做守旧者、躲避者，始终是创新者、实干家。党员领导干部要做“勇敢者”的后方，为这样的人担当。

无私忘我体现的是一种大气。敢于担当者，必能临寂寥而坚守，无私无畏、心无旁骛。干事创业从来都不会一蹴而就、朝发夕至，更多时候是默默付出、长期劳作，既考验人的品格，又考验人的定力。改革发展、城市进化、社会进步、民生改善……每一项工作都离不开心无旁骛、潜心付出的人。他们或许默默无闻，但却实在实干；或许不事张扬，但却奋勇争先；或许不拘小节，但却埋头苦干。这些无私忘我者既是党员领导干部学习的榜样，更是需要细心培养、积极发掘的对象。党员领导干部要做“无私者”的后应，为这样的人担当。

（摘自 2015 年 12 月 15 日《济南日报》）

让敢于担当者无忧虑

王端鹏

改革发展最忌“一顾三盼”。没有破釜沉舟的决心，就很难冲破束缚；没有势如破竹的气势，就很难跨越沟壑。如果改革者、实干者心有羁绊、思有顾忌，又怎能心无旁骛谋发展、专心致志抓工作？为敢于担当者担当，关键是让他们近无虑、远无忧，潜心躬行、迎难而上。

既要有“容错机制”，又要有“底线思维”。任何改革发展都会经历一个不断探索、汲取经验、取得实效的过程。如果因为一时的挫败、暂时的停滞而责备某些干部，很容易挫伤改革的进取心、发展的积极性。我们要允许试错、宽容失败，关键要正确区分犯错与犯法的界限，把先行先试出现的失误与明知故犯造成的后果区分开来，把为加快发展的无意之失与图谋不轨的有意之举区分开来。在党纪国法红线之内，党员干部要始终不改勇于改革进步的初衷，大胆地闯、大胆地试，不怕失败、不怕犯错，不断取得新的突破。

始终以“实在实干实绩”为风向标和指挥棒。有什么样的导向就会营造什么样的氛围。让敢于担当者、务实苦干者得到实惠、实现进步，就树立了“实在实干实绩”的正确导向；让干事的人与不干事的人有同样的待遇、机会，那就树立了“吃大锅饭、当老好人”的错误导向。导向错了、标杆歪了，再大的进取心、积极性也会被磨平、挫伤。以“实在实干实绩”为风向标和指挥棒，就要对那些常挑重担、善解难题的同志高看一眼、厚爱一层，对那些只尚空谈、不干实事的干部要严肃问责、及时调整。当前，我们仍处在滚石上山的爬坡期和啃硬骨头、拔尖刺的攻坚期，招商引资、项目建设、棚改旧改、征地拆迁、扶贫脱贫等各项工作，都有数不清的难题要克服。在这些建设发展的主战场，党员干部的战力如何、智慧如何、勇气如何，广大群众一目了然。这也是“敢于担当者前进、不敢担当者让贤”的重要评判标准。

为敢于担当者设好“保险栓”、建好“防火墙”。大胆地闯、勇敢地试，或许会触碰一些既得利益者的“奶酪”，他们会造谣诽谤、中伤诬告，怎么办？大胆地闯、勇敢地试，或许会因为决策举措、言行举止而遭受别人的误解非议，怎么办？大胆地闯、勇敢地试，或许会身陷困境、孤立无援，怎么办？为敢于担当者担当，不仅要体现在平时，更要体现在关键时刻。在这些形势危急、事关声誉、攸关前途的关键时刻，我们不仅要褒奖担当者、鼓励担当者，更要旗帜鲜明地支持担当者、保护担当者，为敢于担当的干部撑腰壮胆。只有设好“保险栓”、建好“防火墙”、画好“安全线”，敢于担当者才能奋不顾身、勇往直前。

（摘自 2015 年 12 月 16 日 《济南日报》）

组织部门更应“为担当者而担当”

韩家国

在12月12日闭幕的济南市委十届九次全会上，省委常委、市委书记王文涛重点围绕“为敢于担当者而担当”做了深刻阐述，讲话主题鲜明，振聋发聩，催人奋进。笔者以为，肩负选干部配班子、抓基层打基础、建队伍聚人才重要职责的组织部门，在“为敢于担当者而担当”上更应责无旁贷、积极作为、走在前列。

为敢于担当者而担当，是对组织部门提出的新的更高要求。组织部门必须守土有责，恪守公道正派，有一种只重是非、不计得失的劲头，“得罪人”的事不推、“为好人”的事不争、急事难事不躲，少说多干、敢作敢为；敢于和善于直面矛盾、较真碰硬；自觉坚持“三严三实”基本准则，既做到自身正、自身净、自身硬，更能为冲锋陷阵者、敢于亮剑者、勇于改革者、无私忘我者遮风挡雨、撑腰打气、加油助威。

把实在的人、实干的人、有实绩的人选出来、用起来，是组织部门为敢于担当者而担当的最好体现、最坚决的行动。组织部门要大力选拔使用忠诚老实，言行一致，表里如一，襟怀坦白，公道正派的干部；选拔使用有能力、作风实、能干事，特别是求真务实、真抓实干、敢闯敢试、负责担当的干部；选拔使用认真履职尽责、推动和服务科学发展，创造出经得起检验的一流工作业绩的干部，真正让想干事、能干事、干成事的人有机会、有舞台、有地位。

让有为者有位、上位，让无为者挪位、丢位，是考验组织部门担当精神的“试金石”。组织部门要按照中央《关于推进领导干部能上能下的若干规定

（试行）》文件精神和要求，研究制定实施细则和具体措施办法，加大治庸治懒治散力度，严肃查处为官不正、为官不为、为官乱为等“软腐败”行为，对那些政治上不守规矩、廉洁上不干净、工作上不作为、不担当或能力不够、作风上不实在的“太平官”“逍遥官”“滑头官”，坚决进行组织调整，在全市推动形成优进庸退、能上能下的良好政治生态。

组织部门要聚焦“实在、实干、实绩”，围绕“四看一听”，通过日常考察、年度考核、观摩考核、重大事项跟踪考察、重点工作一线考察等多种形式，经常性、近距离考察干部，多渠道、多层次、多侧面、多时段了解干部的真实情况。要定期对干部考评情况进行综合分析，建立考评纪实档案，形成干部考评鉴定、优秀干部名单、不良情况记录、整改意见建议书，为选好用好管好干部提供翔实准确的基础资料。要加强考评和研判结果运用，鼓励先进，鞭策落后，树立褒奖敢担当有为者、惩戒碌碌无为者的新风正气。

风清气正则贤能出，歪风邪气则丑态盛。组织部门要立足自身职能，把作风建设贯穿到各项组织工作中，在选人用人上注重作风建设导向，在考核评价中明确作风建设指标，在管理监督中聚焦作风建设问题，通过日常工作与作风建设的互融共进，引导党员干部立根固本、落细落小，负责担当、勤勤恳恳，昂扬向上、争创一流，努力营造解放思想、崇尚实干、锐意进取、改革创新的良好氛围。

（摘自2015年《泉城瞭望》第12期）

用担当精神整治“为官不为”歪风

李雪萌

为了“不出事”，是不是宁愿“不做事”？只要“过得去”，是不是无需“过得硬”？

不久前，在省委常委、市委书记王文涛的“担当课”上，对这个问题给予了明确的回答，那就是党员干部要有不畏艰难、不避矛盾的勇气，要敢于担当，同时还要勇于“为担当者而担当”。王文涛还为“担当”二字给出了具体的阐释：冲锋陷阵、敢于亮剑、勇于改革、无私忘我。

眼下，越来越密的铁规禁令，空前严格的廉政律例，方方面面的监督目光，令各级干部压力空前。一些人以“要求严了”为借口，认为“干事就难免犯错、不干事才不会违规”，“为官不为”的现象并非个别。这警示我们，强力反腐、整肃官风是必要的，但是严格纪律不能成为明哲保身、庸碌无为的借口。领导干部有理想、敢担当，才能破除“为官不为”歪风。

《阅微草堂笔记》“北村郑苏仙”卷记有这样一个故事：某日，一位身着官服的人昂头挺胸地面见阎王，自称他无论在哪里做官，都只饮别人一杯水，“今无愧鬼神”。阎王说，朝廷设置官员是为了治理百姓，即使级别最低的官，都有兴利除弊的责任。如果不贪钱财就算好官，那么弄个木偶放到大堂上，它连水都不喝，不比你更强吗？

今天再读这个故事，格外发人深省。“平平安安占位子，忙忙碌碌装样子，疲疲沓沓混日子，年年如此老样子。”不作为之弊在官僚体制中积习甚远，“懒官”必然造成行政效率停滞不前。转型期的中国社会面临种种复杂的问题与矛盾，进入深水区的改革也面对着种种考验，迫切需要官员能够果断作为，以实干出成果。

一位历史学家曾说，中国千年封建社会中，官场最“秘诀”处在于一个“推”字。由于封建官场的“考绩”往往以“不办错事”作为是否合格的基本标准，于是“多干多错、少干少错、不干不错”便成为不少官员的经验。时至今日，在“八项规定”成为新常态的背景下，这种“不作为”的风气有再度抬头之势。

如果因为怕打碎碗就不洗碗，同样违背了转作风、治积弊、促实干的初衷。《中国新闻周刊》今年第19期刊登卷首文章《官风整肃之后，重塑官员价值体系》。文章认为，回过头看过去20多年来一些官员的堕落，物质利益是诱饵，制度漏洞是空间，要害还是部分官员价值体系的溃散。要建立廉正官风，整肃只是第一步，更为重要的是第二步——重建官员伦理，树立官员敢于担当的为政规范。我们应当建立各级领导干部都勇于承担责任、上下充满活力和积极进取精神的体系，让更多的领导干部能够锐气满怀地干事创业。

明代文学家陈继儒《小窗幽记》中有语：“大事难事看担当，逆境顺境看襟度；临喜临怒看涵养，群行群止看识见。”这段话历来广为流传，还被一些地方立碑为鉴。对党员干部来说，这不仅是修身养性的道德规范，更是干事创业的义务与责任。

今年3月18日，在河南兰考党的群众路线教育实践活动汇报会上，习近平总书记回忆起担任福州市委书记期间读了《人民呼唤焦裕禄》一文后填词《念奴娇》，其中有一句“为官一任，造福一方，遂了平生意”，深深表达了对爱民为民、勇于担当的坚定情怀的肯定与追求。这也应该是每一位党员干部的自律要求。

（摘自2015年12月23日《济南日报》）

蓝天白云，不是天上掉下来的

郝　倩

防霾治霾、实现共治共享，必须从“细节”入手，将所有的霾源，不管哪一种、是大是小，都彻底消除。如此，才可能唤回蓝天白云、绿水青山。当雾霾来临时，当我们怨天尤人时，我们更应该扪心自问，自己是否也是制造霾源的那一个？

2015 年 12 月 18 日，本报“啄木鸟在行动”专栏报道了经十路段店北路街道办事处辖区内一渣土场裸露扬尘一事。至今半个月过去了，该渣土场因整改不力再遭市民投诉。2016 年 1 月 3 日，记者现场探访发现渣土场内渣土堆的确存在覆盖不完全的情况，建筑渣土和生活垃圾也多见裸露。

扬尘是主要霾源之一，对症下药，控制好扬尘，无疑是治霾的有力手段。近一年来，济南市空气质量比较糟糕，在全国空气质量排名中多次居后，对此，政府关心，百姓焦心。所以，前段时间，我市下功夫、动真格“铁腕”治霾。其中，全市开展“啄木鸟行动”，鼓励媒体和社会监督，真正实现“防霾治霾、共治共享”。

但遗憾的是，一边是市民对频袭的雾霾反映强烈，政府整治力度空前；一边却是个别单位在全市治霾活动中不参与、不配合，我行我素，持续为雾霾天制造污染源，其做法令人费解。

公众也该纳闷了！一个渣土场能有多大？实现全覆盖、不裸露，能花费几个钱？说实话，相对一个单位而言，举手之劳而已，并无多少技术含量。即便如此，有些单位仍然顶风而上，听任裸土随风飘扬。我们只能说，这样的单位对法规政策缺乏敬畏感，自身缺乏“道德的血液”。

值得强调的是，像这种拿治霾“政令”当耳旁风的单位绝非个别。有例为证，为了防霾治霾，我市不少媒体开设“啄木鸟行动”专栏，对形形色色的空气污染行为进行举报或曝光。但翻开报纸看看，市民举报、媒体曝光的污染单位还有那么多，且层出不穷。这也从侧面反映出，有些行政部门的监管有漏洞，并未实现无缝隙、全覆盖，治理手段不够“铁腕”。去年12月7日，在谈及中央电视台曝光的我市有关企业污染排放问题时，省委常委、市委书记王文涛就曾痛陈：曝光的问题反映出我们治霾的决心还不够大、铁腕还不够“铁”。

治理空气污染，归根结底是要调整优化产业结构，推动产业转型升级。最近，济钢搬迁处理意见即将出炉，东部24家企业已搬迁或关停，显然，这是我市防霾治霾推出的一大治本之策。但是，治理大气污染是一项系统工程，必须多头并举，形成合力。假如治霾出现“短板”，治霾效果无疑会大打折扣，事倍功半。试想，这边把污染企业关停或搬迁，那边汽车尾气照排，扬尘照样满天飞，那么，治霾只能半途而废。所以，防霾治霾、实现共治共享，必须从“细节”入手，将所有的霾源，不管哪一种、是大是小，都彻底消除，如此，才可能唤回蓝天白云、绿水青山。

雾霾频袭，谁也不能置身“霾害”之外。空气质量关系到我们的生命健康和幸福感，但蓝天白云不是天上掉下来的，整治雾霾，不管是监管部门、企业还是个人，都责无旁贷。当雾霾来临时，当我们怨天尤人时，我们更应该扪心自问，自己是否也是制造霾源的那一个？

（摘自2016年1月5日《济南日报》）

读懂“跳起来摘桃子”的深意

惠铭生

“跳起来摘桃子”，意指我们不能“等、靠、要”，在树下坐等“桃子”掉下来，也不能“庸、懒、散”，满足于摘那些触手可及但品质不佳的“桃子”，而应该瞄准更高的目标，跳起来，拼尽全力，摘取长在高处、色香味俱全的“桃子”。

1月9日，济南市经济工作暨“四个中心”建设动员大会召开。省委常委、市委书记王文涛在大会上做重要讲话时强调：有蓝图才能有期待，目标明才能决心大。“打造四个中心，建设现代泉城”是切合济南实际、具备基础条件的科学规划，更是需要我们跳起来摘桃子才能实现的宏伟目标。

“跳起来摘桃子”——这个比喻生动活泼、含义深刻，广大干部党员应该读懂其中的深意，并作为一种精神、一种作风应用到工作实践中，在全市上下迅速掀起“打造四个中心，建设现代泉城”的新热潮。

“跳起来摘桃子”，意指我们的目标任务不能定得太高但也不能太低。目标太高了，高不可及，再怎么“跳”也够不着，人们容易放弃希望，颓废心态便会滋生，甚至自暴自弃。目标太低，触手可及，甚至连腰都不用直、脚都不用踮，人们会自我满足、不思进取。

“打造四个中心，建设现代泉城”是通过从全省、全国和世界三个维度看济南，综合考虑我市区位优势和资源禀赋而确定的，完全契合中央提出的五大发展理念的要求，完全符合结构性改革的方向，是我们推动产业升级、壮大产业实力的必然选择，是济南重振雄风、再铸辉煌的重大举措。省委“十三五”

规划建议中明确提出，支持济南建设全国重要的区域性经济、金融、物流和科技创新中心，标志着“四个中心”建设已经上升为省级战略。机不可失，时不再来。“跳起来摘桃子”，打造“四个中心”，需要济南人唯真、唯实、唯干，扎实推进，步步登高。

作为经济总量排名全国第三的经济大省省会，济南的多数指标仅排在15个副省级城市的第12或第13位，在全省17市中经济总量也仅排在第3位，这与经济大省的省会地位极不相称，造成了“大省小省会”的尴尬局面。“打造四个中心，建设现代泉城”等不来，天上也掉不下来，而是要实干出来。要想“摘桃子”，“摘好桃子”，我们必须解放思想，破除思想障碍，撸起袖子、甩开膀子、扑下身子，苦干实干带头干，敢干会干创新干。

“跳起来摘桃子”，打造“四个中心”，应该“跳起来”的，是全市党员干部这支“先锋队”，是全体建设者这支“主力军”，也是每一位市民这些“主人翁”。没有人是“局外者”“旁观者”和“过路客”。大家要摘的“桃子”，就是一个个具象化的济南梦。只要我们着眼现实、站位高远，在比担当、比奉献、比形象中，在自己的岗位上百舸争流，纷纷“跳起来”去触摸更高的高度，摘取自己追寻的“桃子”，就会实现我们的济南梦，比如在全省率先建成小康社会、城市道路不再拥堵、我们能头顶蓝天白云等。

济南为什么打造“四个中心”、打造什么样的“四个中心”、怎样打造“四个中心”，这次会议对此勾勒清晰、目标明确。这是集结号，也是军令状。全市上下必须团结一心，只争朝夕、埋头苦干、敢于担当，学会“跳起来摘桃子”，开启济南建设发展的崭新局面，用实际行动和优异成绩向省委、省政府和全省、全市人民交上一份合格的答卷。

（摘自2016年1月11日《济南日报》）

开会打瞌睡，干工作也清醒不了

邵显亭

会风反映作风，作风关系成败。任务既定，目标已明，对那些在会场和工作中睡不醒、不愿醒的领导干部，不能再听之任之，不仅要让他们从会场中“离场”，还要让他们从关键岗位中“离场”。

1月9日，在济南市经济工作暨“四个中心”建设动员大会上，有一个“小插曲”让人难忘。省委常委、市委书记王文涛在讲话前“插播”了一个临时通知——“在接着开会之前，有个临时通知，会场上想睡觉的同志，可自行离场。再通知一遍，会场上想睡觉的同志，可以自行离场”。这个“临时通知”说了两遍。

“在全市这么重要的一个大会上，还有人安然入睡。看不到危机才是最大的危机，如果我们再不知耻而后勇、奋起直追，恐怕济南现在的地位也岌岌可危。”王文涛书记强调两遍的“临时通知”，让清醒的人振奋，让睡不醒、不想醒的人震动。

会风反映作风，作风关系成败。面对“标兵越来越远、追兵越来越近”的严峻形势，应该睡不着觉；参加这个关乎济南未来发展的重要会议，应该心无旁骛。然而有的人神经够“粗”、心脏够“大”，号角在耳边吹响，依旧“安然入睡”。心中无大局、肩上无担当，这恐怕也是济南“多项指标仅排在15个副省级城市的第12或第13位、在全省17市中经济总量也仅排在第3位”的一个原因吧。

今年是“打造四个中心，建设现代泉城”的破题起势之年。全市经济工作暨“四个中心”建设动员大会公布了“四个中心”建设指标体系、三年行动纲要和2016年度目标任务。这是白皮书、动员令，也是时间表、路线图。“政治路线确定之后，干部就是决定因素”。领导干部是否会想事、能办事、办好事，能不能真正发挥“先锋队”的作用，直接关系到建设任务能否按期完成不拖拉、能否保质保量不走样。有些领导干部在这样重要而庄严的大会上能心不在焉地打瞌睡，他们干事创业时会有清醒的头脑，有热情、有激情、有创造力地工作吗？恐怕很难！

2016年既是“十三五”的开局年，也是“四个中心”建设全面启动的关键年，挑战多，机遇更多。市委、市政府与市直有关部门签订“四个中心”建设年度任务责任书，与各县（市）区、高新区签订“三项重点工作”年度任务责任书，与五个投融资平台签订“三项重点工作”年度任务责任书，把工作目标和对全市人民的承诺落实到行动上，靠事实说话、靠数据说话、靠制度说话，才能保证“四个中心”建设的宏伟事业健康发展。领导干部精神面貌应该为之一振、作风应该为之一新，并拿出时不我待、只争朝夕的劲头，拿出踏石留印、抓铁有痕的作风，才能在“四个中心”建设中取得开门红。

军中无戏言，承诺必兑现。任务既定，目标已明，对那些在会场和工作中睡不醒、不愿醒的领导干部，不能再听之任之，不仅要让他们从会场中“离场”，还要让他们从关键岗位中“离场”。在其位，谋其政。那些不敢担当、不愿担当，浑浑噩噩，只在自己的“一亩三分地”打转转，甚至连自己的责任田都种不好的“懒汉”，就应该让位给敢于作为、愿意作为、能够作为的人，让这些担当者真正发挥好“先锋队”的作用，带领全市人民闯出一片新天地。

（摘自2016年1月12日《济南日报》）

治疗“慢性病”需要“下猛药”

木 青

在全市经济工作暨“四个中心”建设动员大会上，省委常委、市委书记王文涛强调，全市各级干部尤其是党员干部要立刻行动起来，迅速掀起比作风、比效能、比担当的新热潮；面对省委、省政府的重托，我们坐不住；面对人民群众的期待，我们慢不得；面对千载难逢的机遇，我们等不起……

一个个“立刻”、一个个“迅速”让人们读出了市委、市政府“打造四个中心，建设现代泉城”对党员干部的新要求：快行动、快作为、快落实。

党的十八大以来，我市通过认真开展党的群众路线教育实践活动，全面加强执纪督查，“四风”得到有力整治，党员干部宗旨意识明显增强，工作作风明显改进，党风政风明显改观。不良作风“病情”缓解但是“病根”未除，“慢”仍是一些党员干部的主要“病症”。有的口头上重视，行动上迟缓，办事效率低，工作不落实；有的推诿扯皮、拖拖拉拉，推一推动一动，甚至推了也不动；有的出工不出力，“当一天和尚撞一天钟”。

“慢”的后果很严重。因为“慢”，作为经济总量全国第三的经济大省省会，我们多数指标仅排在15个副省级城市的第12或13位，在全省17市经济总量也仅排在第3位；因为“慢”，泉城常常四面“霾”伏、难觅蓝天，全国74个城市空气质量排名一直在后几位徘徊；因为“慢”，交通拥堵“寸步难行”，济南一度跃升为全国最堵城市之一……

不在“慢”中警醒，就会在“慢”中落后。全市经济工作暨“四个中心”建设动员大会吹响了“快”的集结号、立下了“干”的军令状。“快”强调的是速度、效率，体现的是不甘落后的危机感、只争朝夕的紧迫感，展现的是狠抓落实的责任感、勤政为民的使命感。

良弓在手，贵在速发。从三年行动纲要到2016年度重点任务，从三项重点工作、三大攻坚战到指标监测体系，目标任务明确，责任时限清楚，关键在于雷厉风行、快干实干。如果还保持惯性思维、慢性作为，四平八稳、不慌不忙，是断然完不成任务的。

紧抓快办、提高效率才能够创造发展奇迹。习近平总书记在福州工作期间倡导“马上就办”的理念，给这座东南重镇注入了巨大发展动力。5年间福州以年均超过20%的经济增长率快速前进，1990年、1993年、1994年、1995年全市GDP相继超过100亿元、200亿元、300亿元、400亿元，迅速跻身于全国大中城市前列，成为东南地区改革开放的一面旗帜。

往者不可谏，来者犹可追。在省委、省政府大力支持济南建设“四个中心”的重大机遇面前，在标兵越来越远、追兵越来越近的严峻形势下，济南太需要快马加鞭、奋勇争先了，太需要马上就办、真抓实干了。各级党员干部应当立刻行动起来，丢掉“庸、懒、散”，扛起“快、勤、早”，比作风、比效能、比担当，争做敢于担责、敢于拼搏的表率，争做依法行政、高效办事的表率，争做主动服务、优质服务的表率，确保“四个中心”建设“一年有势头、两年有看头、三年有突破”。

集结号已吹响，军令状已签订。如果一些党员干部再慢慢腾腾、拖拖拉拉、无所作为，就要按照“军令”严肃处理。因为只有“下猛药”，让那些患“慢性病”的党员干部感到“疼痛”，病才能好得快，腿才能跑得快，活才能干得快。

（摘自2016年1月17日《济南日报》）

愿更多名企成为济南“城市地标”

郝 倩

经济是发展的命脉，是体现城市实力的核心标志。城市越发展，越需要更多名企巨擘的支撑。政府大力扶持、鼎力支持，为更多名企的发展和崛起创造良好环境，显得尤为紧迫。

1月18日上午，省委常委、市委书记王文涛与出席市政协十三届五次会议的工商联、经济、特邀界别委员，就“进一步优化营商环境、促进招商引资”专题进行讨论协商。对于委员们提出的各项建议，王文涛点评时指出，真正的“城市地标”，不在于有多少高楼大厦，而在于拥有多少知名企业，就像波音公司之于西雅图、华为之于深圳，希望有更多的知名企业成为济南的“城市地标”。

知名企业是“城市地标”。这样的观点让人耳目一新、茅塞顿开。谈起青岛，我们会联想到海尔和青岛啤酒；谈起万达，我们会联想到大连……人们对于城市的第一视觉、第一记忆、第一印象往往就是“城市地标”。除了造价十几亿到上百亿元不等的建筑工程项目，高高耸立的城市雕塑，知名企业也是一座城市当之无愧的“地标”。

知名企业不仅会给城市带来丰厚的税收，增加就业、辐射拉动地方经济发展，而且能提升城市的影响力与竞争力。几家知名企业或者知名企业方阵更可以支撑和滋养一个城市的可持续发展，就像波音公司之于西雅图、华为之于深圳、海尔之于青岛。可以说，知名企业是城市经济硬实力的中流砥柱，更是城市影响力、软实力的载体，是一个城市最鲜亮、最有说服力的名片。

济南是全国开埠最早的几个城市之一，也曾经是全国重要的工业基地。曾几何时，济南涌现出一大批让人骄傲的知名企业，如济钢、重汽、浪潮、三联、轻骑、小鸭、力诺、元首针织、三株药业、山水集团、趵突泉啤酒等等，它们都曾给济南带来无限荣光。时至今日，有些企业在经济大潮中依然风光，仍然是济南耀眼的“城市地标”，也有些企业在潮起潮落中黯然沉寂或者步履蹒跚，“名企”二字已经名不副实。

作为经济总量排名全国第 3 的经济大省省会，济南的多数指标仅排在 15 个副省级城市的第 12 或第 13 位，在全省 17 市中经济总量也仅排在第 3 位，与经济大省的省会地位极不相称。为什么会有“大省小省会”的尴尬局面？究其原因，外向型经济、县域经济、民营经济固然是明显的成长短板，而经济整体落后的局面与不少知名企业的陷落以及新兴企业成长缓慢不无关系，如今在全省乃至全国真正叫得响的知名企业并不是太多。

经济是发展的命脉，是体现城市实力的核心标志。城市的发展，也需要更多更强名企巨擘的支撑。政府大力扶持、鼎力支持，为更多名企的发展和崛起创造良好环境，显得尤为紧迫。针对我市定位和发展要求，市委、市政府明确提出“打造四个中心，建设现代泉城”，其中“打造全国区域性经济中心”被放在首位。济南市“十三五”规划中也明确提到，支持包括浪潮、齐鲁制药、力诺等优势企业加快发展，帮助重汽、济钢、济炼等重点企业培育新的增长点。

如何支持和帮助龙头企业、名牌企业，是政府部门亟待思考的问题。毋庸置疑，优化投资和营商环境，加大招商引资力度，不断提升和创新服务水平，是永恒不变的话题。前段时间，我市专门成立投资促进局，就是典型例证。

（摘自 2016 年 1 月 20 日 《济南日报》）

收假更应收“心”

木 青

春回大地，万象更新。一场瑞雪，洗净天空。

沐浴着风清气爽的“泉城蓝”，各行各业的人们重返工作岗位，开始一年新的“春播”。

春节假期虽然结束，但是一些人容易患上“节后综合征”：不愿从过年的氛围中走出来，对工作兴趣不高，提不起精神，工作效率低。

从心理学角度来讲，在高度紧张的工作状态下，人的大脑中枢会建立起一套定型的思维运作模式。如果突然从这种状态中停下来，原来那种适应紧张节奏的心理模式便会突然失衡。节前建立的思维模式在春节中止，现在又要一下子恢复，有些人感到不适应，这是正常的。

心态需要调整，状态需要调正。面对标兵越来越远、追兵越来越近的严峻形势，面对“打造四个中心，建设现代泉城”的目标定位，面对今年“四个中心”建设的繁重任务，面对招商引资、项目建设、棚改旧改的重点工作，面对治霾、治堵、脱贫的“攻坚战”，容不得我们“沉醉不知归路”，容不得我们一天又一天地调整、适应。

收假更应收“心”。把休闲轻松的“心”收回来，把敬业负责的“心”放出去，或加强学习，或深入调研，或精心谋划，或狠抓落实，让“忙起来”“干实事”成为春天里最美好的旋律；把走亲访友的“心”收回来，把走贫访寒的“心”放出去，精准识别，精确施策，开对“药方子”，帮助困难群众早日拔掉“穷根子”；把慢慢悠悠的“心”收回来，把时不我待的“心”放出去，迅速掀起党员干部比作风、比效能、比担当的新热潮，迅速掀起各条战线建设者比干劲、比技能、比奉献的新热潮，迅速掀起全体市民比热情、比素养、比形象的新热潮。

一年之计在于春。身在工作岗位，就要有所作为。我们要紧紧抓住这大好春光，用创新、协调、绿色、开放、共享的新理念引领发展，谋好篇、起好势，迅速落地抓实一批高端高质高效项目，实现“十三五”良好开局。我们要兢兢业业、埋头苦干、勇于担当，着力打造辐射带动力强的发展高地，在泉城矗立起区域性中心的新坐标。我们要强化产业支撑，培育一批优势主导产业，着力提升城市核心竞争力。我们要积极回应群众的热切期待，敢啃硬骨头，敢打攻坚战，下更大的决心治霾、治堵，让泉城天更蓝、山更绿、水更清、路更畅、环境更优美，早日走向生态文明新时代。

“春播一粒种，秋收万担粮”。事业在实干中进步，梦想在实干中实现。只要我们在春光明媚的日子里辛勤耕耘、用心播种，就一定能够迎来硕果累累、瓜果飘香的丰收季节。

（摘自 2016 年 2 月 15 日《济南日报》）

让“啄木鸟”翅膀更硬飞得更高

邵显亭

3月2日，市委常委会审议通过《关于支持党员干部干事创业建立容错免责机制的实施办法（试行）》，客观看待和正确处理干部在干事创业中出现的无意之失，为保护党员干部干事创业的激情和活力提供了制度保障，为敢想敢干者解除了后顾之忧。

3月3日，市委主要领导带队检查大气污染联防联控工作。根据“啄木鸟行动”及有关部门督查提供的线索，这次检查随机抽取了两个点位进行暗访督查。市领导带队暗访督查，意在层层传导压力，抓好问题整改，推动空气环境质量持续改善。

两件事情，指向虽不同，却殊途同归，可看作治市理政的重要思路和重要举措。宽严有方，张弛有度，乃文武之道。该适度宽松的，要在规则允许的范围内给人松绑——给那些在推动城市发展中想干事、干实事的人松绑，对于工作失误或无意过失，只要不违纪不违法，就给予减轻或免除相关责任，让他们轻装上阵。对那些不顾大局、不理大势，危害发展环境、损害人民群众生活的行为，必须直面，敢于碰硬，不能有丝毫退让和宽容，惩戒有力才能取信于民。

包括本报在内开设的“啄木鸟在行动”专栏，立足济南实际，对拖慢城市发展脚步的陋习，对城市建设管理的痼疾，对侵扰百姓生活的难题，“盯”得紧、“啄”得有力。用“啄木鸟”啄除危害发展的“害虫”，保护泉城这片“大森林”的健康发展，促进改革发展，顺应民意民心。所以，“啄木鸟”在不守规矩者眼里是专门挑刺的“啄木鸟”，在群众眼里，则是祛除沉疴、送来春天信息的“报喜鸟”。

“啄木鸟”体现了一种担当精神——体现了媒体的责任担当，更体现了人民群众的责任担当。全体市民是“打造四个中心，建设现代泉城”的主人翁而不是局外人，是参与者而不是旁观者，是推动者而不是过路客。他们就是一只只“啄木鸟”，眼观六路耳听八方，提供线索，协助监督，是全市改革发展事业中敏锐的“朝阳群众”。

“啄木鸟”不妨称为另一种形式的“市鸟”，是这座城市担当精神的象征。“翅膀”越硬，越能飞得高、看得远；更多地理解、呵护，才能让“啄木鸟”留下来。“丁丁向晚急还稀，啄遍庭槐未肯归。终日与君除蠹害，莫嫌无事不频飞。”对“啄木鸟”啄出的问题，体现大局意识、担当精神和宽广胸怀，是职能部门的职责所在。时报 3 月 5 日报道，面对领秀城 N2 地块渣土车不按规定清洗车轮、“灰头灰脸”出没的问题，多个部门均未管住。是不能为还是不愿为，百姓心里是有问号的。

啄木鸟善于寻找害虫，还树木健康；“啄木鸟在行动”也是惩前毖后、治病救人，用成效取信于民，彰显市委、市政府坚决态度，体现革除积弊的有力举措。坚持以人民为中心的发展思想，努力补齐基本民生保障的短板，是为政之道。呛人的空气是民生保障的短板，须以负责任的态度予以补齐。让“啄木鸟”飞得更高——这是民心所盼。

（摘自 2016 年 3 月 3 日《济南日报》）

“容错”机制为“敢为”兜底

谢庆富

趋利避害是人的本能，党员干部也不例外。但党员干部不能习惯于“守摊子”，也不能整天想着“保位子”，畏首畏尾。党员干部要做到“在其位，谋其政”，切实把心思集中在“想干事”上，把胆识体现在“敢干事”上，把能力展现在“会干事”上，把目标落实在“干成事”上。

为鼓励广大党员干部敢想敢干、敢于担当，济南市建立党员干部干事创业容错免责机制。3月2日上午，市委召开常委会议，审议通过了《关于支持党员干部干事创业建立容错免责机制的实施办法（试行）》（简称“试行办法”）。这一试行办法简单明了、易于操作，为敢想敢干者解除了后顾之忧。

最近几年，不少干部在审批、决策和监督等政策执行过程中存在懒政怠政、失察失职渎职等不作为、乱作为问题，受到党纪政纪处分，一些违法者还受到刑事处罚。在这种情况下，一些党员干部产生了“多做多错、少做少错”的错误心理——既然不做不行，那我就少做、不多做，省得自找麻烦。

党员干部不能习惯于“守摊子”，也不能整天想着“保位子”，畏首畏尾。党员干部应做“有作为”的表率，以实际行动践行全心全意为人民服务宗旨。当前改革发展任务繁重而艰巨，要实现国家富强、民族振兴、社会和谐、环境优美、人民幸福的中国梦，领导干部要有履职尽责、为民解忧的担当精神。

党员干部要做到“在其位，谋其政”，切实把心思集中在“想干事”上，把胆识体现在“敢干事”上，把能力展现在“会干事”上，把目标落实在“干成事”上。党员干部“有作为”，才能赢得人民群众拥戴，才能将人民群众紧紧团结在党和政府周围，心往一处想、劲往一处使，共同推动经济发展、社会进步、民生改善。

党员干部担心多做事多出错，也是客观事实，更何况人非圣贤，只要做事就可能犯错。因此，有必要建立容错免责机制，为那些想干事、会干事的党员干部免除后顾之忧，让他们放心地甩开膀子做事。营造干事创业的良好氛围，就要对党员干部身上存在的缺点以及出现的工作失误或无意过失给予包容，容许党员干部犯小错。干事创业之人在工作中由于客观因素对一些问题产生误判，可能造成不良后果，这是可以理解的，也是难以避免的。干事创业的党员干部犯了不违反原则性的、党性的、人性的小错，组织上要以批评教育为主，只要其认真对待、积极改正即可。也就是说，只要干部是廉洁公正的，没有触及贪腐这条红线，各级党组织、政府就可以做他们的坚强后盾，为他们“遮风挡雨”，让他们放心干事、有所作为。

当然，建立容错免责机制不是无原则庇护党员干部。什么样的情况下可以容错免责，有着严格的认定程序，不符合规定的，必须承担应负的责任。而且，即使容错也并不意味着必然免责，有些错误一旦犯下就必须有人买单，只不过想干事没干好的犯错之人责任可以减轻。

为敢想的人“开绿灯”，为敢干的人“兜住底”，做有为党员干部的后盾，这就是建立容错免责机制的立足点和出发点。

（摘自 2016 年 3 月 4 日 《济南日报》）

“啄木鸟”发威需多方合力

惠铭生

“啄木鸟行动”，重点在于“啄”字，就是动用媒体的力量、公众的眼睛，让全市形形色色、大大小小的污染源无处遁形，然后予以曝光并惩戒。

从“奥运蓝”“APEC 蓝”再到“阅兵蓝”等都在证明：雾霾是可防可治的。污染源只有减少或消失，蓝天白云才能回归，再现。

开展“啄木鸟行动”，就是要求全民参与和监督，共同治霾。其中，媒体人更是责无旁贷。

有数据显示，自从我市开展“啄木鸟行动”以来，市属新闻媒体共刊发大气污染曝光类稿件及相关新闻近 3000 篇，一大批大气污染点位和问题得到整治，济南空气质量有所改善。从去年 11 月开始，济南也退出了全国 74 个重点城市环境空气质量排名末位，即使是在燃煤取暖季节，“泉城蓝”也能常见。

今年我国政府工作报告提出，今后 5 年地级及以上城市空气质量优良天数比率超过 80% 的目标必须完成。但是，当前济南的“气质”恐怕还难以满足市民更大的期许。

频袭的雾霾，以及灰突突的城市天际线，有时会让市民吐槽不已——步行的人感慨“如临仙境”，开车的人调侃“像开飞机”，甚至有人用“舌尖体”赋诗调侃：“千里朦胧，万里尘飘，望二环内外，浓雾莽莽”。每一次雾霾来袭，不管是轻度的还是重度的，带给人们的总是忧虑和心焦。雾霾已经成为广大市民的“心肺之患”，同时也让城市形象蒙垢，拖城市经济发展的后腿。所以，大气污染得治，必须治出成效，且时不我待、别无选择。

贫穷给人带来困难，污染给人带来灾难。对此，李克强总理曾强调："我们要像对贫困宣战一样，坚决向污染宣战！"

对于治霾，济南市主要领导也一再强调：治霾要"痛下决心、壮士断腕"，在"铁腕治霾"上动真格、下真功。

"啄木鸟行动"，是我市重拳防霾治霾、共治共享的重要手段之一。但是，要让其发威，更好更大地发挥作用，助推蓝天白云回归，尚需多方合力。

比如，发展方式无"误"，空气才能去"霾"。有学者认为，无论雾霾产生的主要原因是超标用煤、扬尘还是汽车尾气，都是原有经济发展方式及其结果的直观体现。治理大气污染，转变经济发展方式，大力倡导绿色 GDP，注定是一个无法绕过的"重头戏"。

发展要 GDP，也要青山绿水，二者不能完全对立。"啄木鸟行动"要发威，首先要确保发展方式无"误"。譬如，我市东部老工业区已经列入搬迁名单的企业，这是个利好消息。

再如，"啄木鸟"要发威，职能部门的监管也必须"长牙齿"。"啄木鸟行动"，只能"啄"出"害虫"，曝光"害虫"，而拥有惩戒权的则是执法部门。行政监管和执法部门务必不能态度暧昧，"高举轻落"惩戒板子，如此，"啄木鸟行动"的效果才能取得实效。

去年，一位见多识广的外地"包工头"，对济南扬尘现象看不下去，讥讽济南环保方面的措施和乡镇的水平差不多，跟上海差了半个世纪。假如监管水平一直如此低下粗糙，"啄木鸟"焉能"啄"得过来？

"啄木鸟行动"是防霾治霾的手段之一，我们必须倚重；媒体和广大市民须再接再厉，驱霾"啄虫"。但是，济南"气质"的好转，关键还在于企业要自觉，行政监管成常态。

（摘自 2016 年 3 月 10 日《济南日报》）

做能做的事，做能快做的事

邵显亭

3 月 16 日零时起，济南牌照（鲁 A、鲁 O、鲁 W）7 座以下（含 7 座）小型客车和济南市公交车，就可以免费通行济南黄河大桥、济南建邦黄河大桥、济阳黄河大桥了。市委市政府兑现了给人民群众的承诺，这是今年要为百姓办的 15 件实事之一，是推进携河发展、拓展城市空间布局的重要举措。

从摇橹过河到大桥飞架南北、天堑变通途，再到如今免费过河，济南人与黄河的亲密度一再增加，这实际上代表着，黄河两岸尤其是黄河以北区域，融入济南发展节奏的步伐一再加快，携手并肩，一路同行，最终的指向，是方便百姓生活和促进经济社会的发展。这三座黄河大桥，收费时限最长的要到 2033 年，即使是临近终止收费年限的济南黄河大桥，免费通行问题也是一波三折。现在，三座大桥一下子全免费，障碍一下子扫除，这其中，有创新思维的工作方式。

创新之一应该是算账的问题。3 月 9 日，市委主要领导到章丘调研扶贫开发，提出“算清‘四笔账’，老百姓才认账”，其中一笔账就是既要算大账又要算小账，大账体现的是党委政府的真情实意，算小账必须创新路径和方法，考虑到一村或一户，就是说，要为最小的个体盘算周全。免费过河的事情，由市发改委、交通局、财政局、济阳县政府负责，可能有财政投入，但这笔账算得清楚、花得明白，考虑到了百姓个体的生活便利。为政之道，民生为本，政府要念之再三、铭之肺腑，多谋民生之利，多解民生之忧。算清了“民生”大账，才是坚持以人民为中心的发展思想。

取信于民，才能得民心；得民心，才是各项事业发展的保证。免费通行是携河发展的必要，也是弥补县域经济短板的需要。打造“四个中心”，就要有向中心进行聚集的效应，这样，“中心”的地位才会凸显。聚集的过程要扫除障碍，去除阻滞“中心”优势形成的体制性等壁垒。这是一场攻坚战，必须认清形势，抢抓机遇，顺势而为，乘势而上，做我们能做的事，做能快做的事，唯有如此，才能掌握好改革和发展的节奏。

为鼓励干事创业，我市推出了容错免责制度，现在又为携河发展营造宽松环境，正是顺应了“发展才是硬道理”的科学论断——既然要发展，就得卸下多余的包袱，轻装上阵才能行之久远。

（摘自 2016 年 3 月 11 日 《济南时报》）

最好的支持是“容错”

刘成友

作为外行，第一次听说“高端容错服务器”这个说法时，心里不禁纳闷：计算机要求的是准确，怎么还可以容错？容错，容许到什么程度才能确保安全？专业人员解释说：先进的高端服务器，即便出现一些硬软件故障也不会停机。所谓容错，就是在系统控制下允许一定范围内出现错误情况。

计算机运行遵循这个道理，干部管理是否也可尝试？山东省济南市近日出台关于支持党员干部干事创业、建立容错免责机制的实施办法，对单位和个人在改革创新、推动发展中出现的工作失误或无意过失，法律、法规没有明令禁止，或是符合上级方针、决策精神，给予减轻或免除相关责任。失误可以免责，体现出制度的关怀包容，向干事创业者传递了鲜明的鼓励支持信号。

今年全国两会上，习近平总书记强调，“干部干部，干是当头的，既要想干愿干积极干，又要能干会干善于干，其中积极性又是首要的”，“要保护作风正派、锐意进取的干部”。调动干部积极性，提升工作精气神，要靠个人去激发，也有赖于组织的热情关心与保护。“容错免责”，可以说是为干部松绑解套，为敢想的人“开绿灯”，为敢干的人“兜住底”。

人非圣贤，孰能无过？在文学家那里，“最好的好人，都是犯过错误的过来人”。没有人是永远的“常胜将军”，习惯于以成败论英雄，结果只会是气氛压抑、士气低沉，甚至可能“万马齐喑”。袁隆平成功培育高产杂交稻，屠呦呦提炼青蒿素，说到底都是一个屡败屡试的过程。一位知名企业家也说过，他30多年的创业和发展，实际上是一个不断试错的过程。顺风顺水、马到成功是少数，不知要经历多少次失败才能前进一步，这就是事物的本来规律。

成功奠基在失败之上，改革攻坚，每前进一步都不容易。给干事创业者提供宽松的环境和氛围，就是最好的支持。如果干部在改革中不容犯任何错误，干事创业积极性肯定大打折扣。如果干部队伍中不求有功但求 无过、怕出事而不干事的人多起来，就不会有大刀阔斧的改革创新。干部队伍从整体上看是充满干劲和活力的，营造“容错免责”的良好环境，使广大干部可以安心实干、放心改革，才能让干部心中的热火化作改革攻坚、发展转型的燎原之势。

一位前辈说得好，“错误是不可避免的，但是不要重复错误”。“容错免责”是“尚方宝剑”，但只能用在改革发展上。哪些是因缺乏经验、先行先试出现的失误和错误，哪些是明知故犯的违纪违法？哪些是在上级尚无明确限制的探索性实验中的失误和错误，哪些是在上级明令禁止后依然我行我素的违纪违法行为？哪些是为推动改革的无意过失，哪些是为牟取私利的故意行为？像这样的问题，有必要做细致梳理、明确界定。既防止有人滥竽充数、滥用制度红利，也为干事者提供明确行动准则。

邓小平同志曾经说过，“领导班子要有威信，敢字当头，能很好地执行党的方针政策，能很好地工作”，“要敢字当头，横下一条心”。对干部而言，无论任何时候，都应秉持敢字当头的精神，放下因错得咎的心理负担，在事业中一展抱负。唯如此，方不负事业、不负人民。

（摘自 2016 年 3 月 21 日 《人民日报》）

小康路上，决不让一个贫困乡亲掉队

木　青

不到农村就不知道农民的穷，不在农家生活就不知农民的苦。应牢固树立抓扶贫就是抓经济发展、就是抓基层党建、就是抓民生改善的理念，把脱贫攻坚作为头等大事和第一民生工程。小康路上，决不让一个贫困乡亲掉队。

小康不小康，关键看老乡。当前，我市正处在率先全面建成小康社会的关键时期，最艰巨的任务在农村，最大的困难在贫困乡村。没有农村的小康，没有贫困乡村和贫困农民的小康，就没有省会的全面小康。

消除贫困，改善民生，逐步实现共同富裕，是社会主义本质要求，是党和政府的重要使命。经过全市上下这些年的不懈努力，我市农村整体面貌发生了显著变化，广大农民群众的生活水平普遍提高。但城乡发展不平衡的问题比较突出，贫困乡村、贫困群众的问题依然突出。目前，全市仍有 917 个贫困村、10.1 万贫困户、23.4 万贫困人口，因病、因残和缺乏劳动能力的贫困户和贫困人口占比较大。

不到农村就不知道农民的穷，不在农家生活就不知农民的苦。为打赢脱贫攻坚战，市委、市政府立下了“军令状”：到 2017 年基本完成省定标准下贫困人口脱贫，到 2018 年全面完成市定标准下贫困人口脱贫，实现贫困人口不愁吃、不愁穿，义务教育、基本医疗和住房得到保障。

一诺千金。市委、市政府把脱贫攻坚作为战略部署，把精准扶贫、精准脱贫牢牢扛在肩上、紧紧抓在手上，向每个贫困村都选派了“第一书记”驻村帮扶，完善了扶贫开发机构，出台了含“金”量很高的“脱贫攻坚 40 条新政”

等政策措施。脱贫攻坚的步伐铿锵有力。

在全面消除贫困的“战斗”中，有的地方却认识不足、重视不够，畏难发愁情绪滋生，“等靠要”思想萌发，担当精神缺乏，这与攻坚拔寨、占领“高地”的“决战”形势极不适应。

有多大担当才能干多大事业，尽多大责任才会有多大成就。县（市）区作为扶贫开发的主阵地，乡镇作为脱贫的主战场，应牢固树立抓扶贫就是抓经济发展、就是抓基层党建、就是抓民生改善的理念，把脱贫攻坚作为头等大事和第一民生工程，按照市委主要领导的要求，算清“四个账”：既要算清总账又要算清细账，既要算清收入账又要算清支出账，既要算大账又要算小账，既要算静态账又要算动态账，最终让群众认账、买账，实现全部脱贫。“第一书记”作为脱贫攻坚的先锋队、生力军，肩负着组织的重托和群众的期盼，应发扬特别能吃苦、特别能战斗、特别能攻坚、特别能奉献的精神，把困难群众的苦乐冷暖挂在心间，把脱贫攻坚的职责使命顶在头上，摸清底子，开对方子，选准路子，搭好台子，建好班子，帮助困难群众早日脱贫致富。困难群众也要坚定信心、不等不靠，自立自强、创新创业，尽快甩掉贫穷落后的帽子。

小康路上，决不让一个贫困乡亲掉队。我市将脱贫攻坚成效作为科学发展综合考核的重要内容，与干部提拔、评先创优、问责约谈挂钩。连续两年完不成年度任务的，对党政主要负责人进行调整，做到“不摘穷帽，就摘官帽”，这些措施必将激发党员干部矢志消灭贫困的决心和动力。

（摘自 2016 年 3 月 30 日《济南日报》）